«ORIZZONTI PAPERBACK»

21

Collana diretta da
Miro Silvera

CARLO BIAGI

VOLARE CON L'ANIMA

SPERLING
PAPERBACK

VOLARE CON L'ANIMA

I edizione «Orizzonti Paperback» ottobre 1998
Copertina: Foto Agenzia Photonica

ISBN 88-200-977-7
35-I-98

Al Maestro, affinché questo libro possa
essere un fiume che scende al mare.
Possa la sua luce seguirmi sempre
nei miei viaggi con l'anima.

INTRODUZIONE

Per la parapsicologia, l'esperienza fuori dal corpo (o bilocazione) è la condizione in cui, mentre il corpo è rilassato e passivo, la mente, mantenendosi vigile e cosciente, si proietta all'esterno incontrando persone e luoghi anche sconosciuti. Pur essendo un'esperienza comune, dato che tutti durante il sonno escono dal corpo, la maggior parte delle persone non ne conserva la memoria o traduce il ricordo in immagine onirica. Lo scopo di questo libro è di insegnarvi a ricordare ciò che accade durante questo stato alterato di coscienza, provocandolo volontariamente e sfruttandone i benefici effetti. Per quanto mi riguarda, ho vissuto questo fenomeno fin dalla più tenera età e in modo spontaneo: a cinque anni, mentre mi preparavo a dormire, mi trovavo improvvisamente ai piedi del letto a guardare il mio corpo e poi mi vedevo salire verso l'alto e perdevo coscienza. Allora vivevo tutto senza pormi domande: perché per il bambino non c'è separazione tra la realtà fisica e quella dell'anima. In seguito imparai ad abbandonare volontariamente il corpo per recarmi coscientemente dove desideravo facendo anche qualche verifica, per essere certo di non lasciarmi prendere la mano dall'immaginazione.

Molti dei miei viaggi con l'anima sono stati determinanti: uno dei più significativi fu quando la prima navicella spaziale stava toccando la luna. Mi trovavo con degli amici nel salotto di casa mia e dal momento che i viaggi spaziali mi hanno sempre affascinato proposi un esperimento: con la mente mi sintonizzai con gli astronauti e quindi... sbarcai con loro sulla luna. Provai la sensazione di toccare, camminare e vivere questa grande emozione come se fosse mia. La gioia e il pensiero di tutti gli uomini erano con noi che stavamo realizzando un grande sogno: la conquista dell'universo. I colori, la pace e la luce che regnavano erano straordinari e irripetibili. Potevo vedere e toccare gli astronauti, ero con loro e ne sentivo le emozioni, il respiro, le ansie e le paure. Vedevo le loro orme lasciate sul suolo lunare e mi stupivo che non ci fossero anche le mie, tanto l'esperienza era reale. Mi trovavo a milioni di chilometri dalla terra, eppure la mia coscienza poteva percorrerli in un attimo, lo spazio-tempo non esisteva e tutto era uno. Fu un'esperienza straordinaria che mi segnò profondamente: avevo vissuto in un viaggio con l'anima la conquista della luna, con tanta partecipazione che mi stupii quando, aprendo gli occhi, rividi il mio salotto, i miei amici e i miei famigliari che mi attendevano. Un'altra esperienza straordinaria e molto toccante che mi coinvolse fu quella di Vermicino dove, come si ricorderà, un bambino, Alfredino, era caduto in un pozzo e tutta l'Italia era in angoscia per la sua sorte. Fu tanta la mia ansia per quel bambino, che dalla televisione urlava in diretta, che mi sintonizzai mentalmente con quel luogo per vedere se potevo aiutarlo in qualche modo. Con il mio doppio (o forse dovrei dire «con il mio vero io») scesi rapidamente nel pozzo e lo vidi imprigionato nel fango, quasi privo di forze: cercai allora di confortarlo, di aiutarlo a superare questa terribile esperienza, ma con dolore dovetti constatare che non era possibile salvarlo, perché la sua sorte era segnata. Era un karma terribile, che quel bambino era stato chiamato a vivere sino in fondo. Ritornai al normale livello di coscienza per passare interminabili ore di ansia e attesa davanti al televisore. Nel frattempo tutta l'Italia si mosse, tutti i mezzi disponibili vennero mobilitati per aiutare Alfredino a uscire dal pozzo e io ero felice di essermi sbagliato. Rimasi alzato sino a notte fonda per sentire le ultime notizie e andai a letto stanco e stremato, ma con la speranza che quel bambino potesse superare questa terribile esperienza. Prima di addormentarmi ritornai con l'anima a Vermicino, scesi nel pozzo e vidi il bambino sfinito, quasi morto: intorno a lui vi erano molte entità che avevano il compito di seguirlo. Cercai di aiutarlo anch'io, ma invano: c'era qualcosa che mi fermava, che bloccava la mia azione, come se il suo karma non fosse ancora finito. Ritornai in me e mi addormentai. Durante la notte, le mie entità vennero a svegliarmi e mi portarono di nuovo con loro nel pozzo suggerendomi delle tecniche con le quali feci uscire Alfredino dal corpo: prima di andarsene mi ringraziò e mi sorrise, felice che questa esperienza fosse finita e quindi fosse libero di andare dove voleva. Al mattino la televisione annunciò la morte di Alfredino e una grande tristezza invase tutta l'Italia, che era rimasta sveglia dinanzi al televisore con la speranza che venisse salvato. Questa esperienza fu per me di grande insegnamento: capii che vi sono situazioni in cui è impossibile intervenire, perché il destino è più forte di noi e ci obbliga ad accettare le esperienze che abbiamo scelto. Quel bambino aveva dovuto bruciare, in una notte, il suo pesante karma e io, in qualche modo, lo avevo aiutato. Alfredino ora è una stella, ma quanto ha dovuto soffrire per trovare questa luce! E a nulla è servita la commozione e la mobilitazione generale. Questa è la dimostrazione che quando un'esperienza è scritta non possiamo fare nulla per cancellarla. Il premio alla fine della strada qual è? Aver bruciato il karma? Aver aggiunto una scintilla di luce alla nostra anima? Oppure essere saliti nel piano dell'evoluzione? Sono tutti aspetti che a noi uomini sembrano evanescenti e irreali, ma che in altre dimensioni trascendono sia la vita che la morte e danno un senso all'evoluzione.

Alla morte di Franco venni chiamato a un'altra esperienza curiosa: la televisione e i giornali avevano annunciato che il Generalissimo stava male e io mi ero chiesto con quale coraggio si sarebbe presentato alla resa dei conti. Quella notte, mi trovai all'improvviso accanto a lui e lo vidi piccolo e inerte in un chiostro, vestito di nero, che girava e pregava. Incredibilmente quell'uomo, che aveva dato al mondo un'immagine di forza e potenza, che nella sua vita aveva soggiogato, comandato e anche ucciso tanti uomini condizionando la vita di un'intera nazione, ora appariva come un essere quasi insignificante. Mi venne persino il dubbio che fosse lui. Quando mi accostai per parlargli, all'inizio non mi rispose. Poi mi guardò spaventato: «Ora sono morto, devo pagare i miei errori» mi disse. Allora gli chiesi chi fosse. «Sono Franco, il dittatore, colui che ha fatto tremare migliaia di uomini. Ora tremo io.» Rimanemmo a parlare per molto tempo come vecchi amici, poi ritornai nella mia stanza e mi addormentai. Al mattino appresi che Franco era morto e la Spagna usciva dalla dittatura. Ancora oggi, ripensando a quell'esperienza, mi chiedo come sia possibile che quel personaggio piccolo, goffo e indifeso abbia potuto soggiogare una nazione e come poi mi abbia invece parlato con molta dolcezza e umiltà.

Il rapimento di Moro

Il rapimento di Moro mi coinvolse in un altro viaggio con l'anima, che rappresentò una tappa importante per la mia esperienza. Da qualche giorno ero tormentato da una sensazione di disagio, di allarme, sentivo che doveva accadere qualcosa di terribile: e, come accadde contemporaneamente a tanti sensitivi, preavvertii inconsapevolmente la tragedia di Moro, l'uccisione della scorta e il suo rapimento. Quando venne data la notizia della tragedia, cercai di trovarlo, di sintonizzarmi con lui, ma senza risultato. Captavo solo immagini confuse: lo vidi al buio, in un luogo piccolo, terrorizzato e senza contatto con la realtà. Poi, quando cercai di vedere il luogo dove si trovava, mi apparve un lago, della sabbia, degli alberi. Lo vedevo sfigurato, spaventato e impaurito e molto in pena per i suoi famigliari. Invece non vedevo i suoi rapitori e non riuscivo a capire dove si trovasse: tuttavia mi parve che si spostasse continuamente. L'unico dato che si ripresentava con insistenza era il buio e la sensazione di paura che regnava accanto a lui. Molto probabilmente stavo captando i suoi pensieri e le sue paure; e quelle situazioni così confuse forse derivavano dal fatto che era stato drogato.

Passarono lunghi e interminabili giorni, in cui non riuscii a ricevere nessuna immagine né a stabilire un contatto con lui (un contatto unilaterale, è chiaro: non credo affatto che chi viene percepito ne sia consapevole, a meno che non si tratti di un medium o un sensitivo). Tutto sembrava celato, confuso, per motivi che non riuscivo a spiegarmi. Una notte, dopo un ennesimo tentativo di ricerca, riuscii a trovarlo: mi apparve legato, su una sedia, molto invecchiato, con la barba lunga. Poi vidi due uomini che lo trasportavano su un'auto famigliare, addormentato o narcotizzato, lo coprivano con alcune coperte e, mettendosi alla guida, lo portavano nel centro di una città, abbandonando l'auto con lui a bordo. Questa scena mi procurò molta angoscia e tristezza, che non riuscivo a spiegarmi: infatti ero certo che Moro venisse rilasciato e avesse così finalmente finito di soffrire. Il giorno successivo il suo cadavere venne ritrovato in una via di Roma, in un'auto famigliare. Evidentemente anche a chi sa vedere al di là delle apparenze e dello spazio-tempo non è dato di conoscere sempre la verità. O forse a volte la psiche del sensitivo, rifiutandosi di accettare un evento drammatico, modifica o blocca le immagini che riceve, per allontanare emozioni dolorose. In effetti la notizia della morte di Moro mi rattristò come se ne fossi coinvolto in prima persona. Ripensai alle minacce reali e psicologiche che aveva dovuto sopportare, e solo a posteriori e con la serenità di chi si trova al di là degli eventi (un privilegio che è solo dei saggi), si può capire che una simile prova, che Moro pagò con la vita, gli servì a bruciare il suo karma. Qualunque cosa abbia commesso durante la vita, con la morte si è riscattato, diventando un martire. Di questa esperienza mi è rimasto un interrogativo: come mai in questo caso non sono riuscito a sintonizzarmi subito con lui e a incontrarlo in astrale, come mi è capitato altre volte? Chi o che cosa lo nascondeva ai miei occhi? Non potrò mai conoscere la risposta.

Questi episodi in fondo si sono tutti svolti nella dimensione del reale, nel senso che incontravo persone e luoghi legati alla dimensione terrena. Ma l'anima può entrare anche in livelli di realtà che i nostri sensi non possono percepire. Una volta, ritornando da un viaggio astrale, trovai sulla mia strada molte persone che mi intralciavano il cammino. Chiesi chi fossero e da dove venissero. Molti mi superarono senza rispondere. Altri si fermarono e mi dissero: «Siamo appena usciti da un aereo che è caduto in fiamme. Non sappiamo dove ci troviamo, ma stiamo cercando di ritornare alle nostre case». Cercai di spiegare che, in questa dimensione, il pensiero e il desiderio li avrebbero portati dove volevano. Mi guardarono con aria interrogativa, come se non capissero. Allora mi resi conto che, come accade a Richard Dreyfuss nel film *Always*, non avevano ancora realizzato di essere morti e quindi vagavano nell'astrale lasciandosi trasportare confusamente dai loro desideri. Inutilmente cercai di ottenere più informazioni, per scoprire da dove venissero. Allora ritornai nel mio corpo e subito mi addormentai. Il giorno successivo lessi che un aereo era caduto in America Latina e i passeggeri erano morti bruciati.

Come leggere questo libro

Benché certe esperienze facciano parte del mio bagaglio di uomo e di sensitivo, non avevo mai accettato di esporle tanto chiaramente come in queste pagine. Forse non era ancora tempo, anche perché la maggior parte delle persone fatica ad accettarle come esperienze *normali*, quali in realtà sono. Tuttavia avevo già incominciato a tracciare un percorso di conoscenza nel mio primo lavoro, *Progetto uomo* (Edizioni del Maestro), che rappresenta per me l'inizio della strada, la strada di ogni uomo e la mia come divulgatore. Subito dopo ho dedicato un libro a colui che ha saputo trasformare la mia esistenza, donandole vita e colore: così è nato *Francesco, un Santo, un Sentiero, una Storia* (Bragadin Editore). Questa grande anima che incontrai a trent'anni, seppe aspettare che la mia intelligenza, la mia mente e la mia evoluzione giungessero a lui, per poi accompagnarmi nel mio cammino. Francesco d'Assisi è per me un padre e una madre, è colui che sa seguirmi, guidarmi e anche castigarmi quando non capisco.

Ora è il tempo di *Volare con l'anima.* Questo libro contiene, oltre alle mie esperienze personali confrontate a volte con quelle di altri, anche un metodo per raggiungere l'Oobe, che ho elaborato e verificato in tre anni di corsi e seminari, in cui ho insegnato queste tecniche a chi me le richiedeva. E ora, dopo questa esperienza di lavoro di gruppo, mi sono deciso a scrivere questo manuale affinché tutti possano trovare una strada, un sentiero e forse scrivere una storia. Molti sono riusciti a volare al primo tentativo, altri hanno dovuto provare e riprovare, ma tutti hanno potuto vivere almeno in parte questa esperienza. Per riuscire, l'unico ingrediente necessario è la volontà, che è il timone che ci dà la direzione del cammino. Tutti sono in grado di volare, essendo questa una facoltà naturale dell'anima che desidera l'unione con l'eternità, ma non tutti hanno il coraggio, l'umiltà e la volontà per risvegliare al primo tentativo la parte più profonda del proprio essere. Sì, io credo che volare con l'anima sia concesso a tutti: del resto ogni notte ciascuno di noi, anche se non ne è pienamente consapevole, durante il sonno vola nell'astrale. Personalmente ho dovuto convivere con queste esperienze sin dalla nascita e forse per questo non mi sono mai posto il problema di come la scienza le giudichi. D'altronde vi sono tre strade per affrontare la realtà: una è legata alla scienza, una alla filosofia e una all'esperienza diretta; e ogni uomo è chiamato a un compito diverso, che alla fine può anche integrarsi con quello degli altri, portando al mondo la conoscenza.

Qualcuno ha detto che leggere un libro è un viaggio dove si parte per una destinazione nebulosa, quasi sconosciuta. Auguro di cuore a tutti i miei lettori di riuscire a volare con l'anima, affinché anche per loro nessun luogo risulti lontano e possano appagare i loro desideri, siano essi di potere, di forza, di serenità e d'amore. Durante questo viaggio sappiate cogliere le indicazioni e i segni che vi porta il mio libro, ma anche la vita: essi sono lì solo per voi e solo voi potete capirli, decifrarli, individuarli e risolverli. Volare con l'anima vi porterà in una nuova dimensione e in un'altra realtà. Spesso vi troverete sconcertati di fronte a ciò che vedrete, altre volte sarete felici. Ma soprattutto incontrerete tutto ciò che il vostro desiderio e la vostra evoluzione vi permetteranno di incontrare: sappiate vivere e interiorizzare questa esperienza, perché la verità è una e una soltanto. A chi, durante la lettura, si porrà degli interrogativi sul contenuto del libro, rispondo sin d'ora con un aforisma zen, lo stesso che un giorno usò il mio Maestro per me: «Figliolo sappi che Noè non è, eppure con la sua storia si è ripopolata la terra». Da una favola l'uomo ha saputo porre le basi per rigenerarsi e rinascere. Ecco, forse volare con l'anima è una favola irreale e fantastica, ma rimane comunque un'esperienza irripetibile. Per questo vi auguro che diventi presto una realtà per tutti e sappia trasformare la vostra vita colorandola di emozioni ed esperienze, facendovi rinascere. Secondo san Paolo l'uomo è formato dalla triade spirito, anima e corpo: seguendo il suo concetto ho diviso il libro in tre parti, dato che il tre rappresenta per l'uomo la trinità, la creazione e la vita. Nella prima parte ho cercato di spiegare la nascita della vita e dell'uomo sulla terra, secondo una concezione esoterica. Nella seconda ho parlato di corpo e mente e nella terza ho esposto gli esercizi per volare con l'anima. Volare con l'anima è un viaggio che inizia dentro l'uomo per poi indurlo a uscire nell'universo che, anche se ci sembra infinito e irraggiungibile, è una dimensione che coinvolge integralmente l'uomo, secondo l'antico insegnamento che ciò che è in basso è come ciò che sta in alto. Quando si vola con l'anima si entra in dimensioni parallele, che fanno parte del nostro essere e contemporaneamente dell'universo. Dice il Saggio: «Quando vedrai l'universo in un fiore o in una farfalla e potrai annullarti in essi, scoprirai che Io sono te e tu Me».

CAPITOLO I

LA VITA SULLA TERRA

Spirito, energia e materia

Da sempre l'uomo ha cercato di scoprire il miracolo della creazione dell'universo e della vita sulla terra: ma quando gli sembra di avere una risposta plausibile, si trova di fronte a un'immensità inesplorata e inesplorabile; quando crede di aver scoperto una verità, all'orizzonte ne appare un'altra più sconvolgente e impenetrabile. Anche se la scienza è riuscita a risolvere molti misteri relativi alla creazione, non tutti possono essere risolti con l'ottica dell'attuale ricerca, che esclude la parte spirituale degli esseri viventi, animati o inanimati. Eppure alcuni scienziati all'avanguardia, primo tra tutti Einstein e oggi Charon o Capra, hanno introdotto il concetto di spirito nel pensiero scientifico: « Il mio lavoro sulle particelle elementari in Fisica » scrive Charon « mi ha dimostrato che alcune di queste particelle racchiudevano uno spazio e un tempo dello Spirito, coesistente con lo spazio e il tempo nei quali tutta la Fisica, da Aristotele in poi, si è sforzata di descrivere la materia e la sua evoluzione ». Tuttavia i postulati di questi scienziati sull'esistenza dello spirito come parte integrante della materia, da cui non si può prescindere quando si intraprende una ricerca che riguarda la vita, fino a ora non sono stati accettati dalla scienza ufficiale, per molti unica tenutaria della verità.

Quindi, per cercare di addentrarci in questi misteri,

ignoreremo volutamente la visuale della scienza, prendendo in considerazione gli studi e le ricerche esoteriche, per affrontare con un'ottica diversa il problema della vita sulla terra.

L'universo

L'universo si è evoluto da un pensiero (il Logos) formato da tre elementi fondamentali, che sono le qualità con cui è composto: queste corrispondono ai termini di spirito, energia e materia. Nel loro continuo evolversi, pur mantenendo la loro essenza, esse si intersecano per formare vari stadi di coscienza: in qualche modo si potrebbero paragonare ai capi di una treccia, che rimangono distinti anche quando si uniscono per formarla. Così la loro potenzialità rimane costante e rispecchia i principi di conservazione dell'energia accettati dai fisici d'oggi. Non sono entità separate e non si trovano mai da sole, ma mescolate ad altri elementi. Analizziamone uno per volta.

Lo spirito. È il principio unico eterno e primordiale dell'essere. Vive indipendentemente dalla materia e dall'energia e le racchiude in sé. È la causa di ogni azione. Ha un solo attributo, la volontà, e molti principi subordinati: l'amore, la sapienza, la speranza, la forza, la creazione, la conservazione, la vita, la morte e la rigenerazione. Rappresenta il mercurio dell'alchimia.

L'energia. È il principio vitale di ogni essere. Compenetra, vivifica e muove la materia. Le sue proprietà sono la forza di attrazione e quella di repulsione, che permettono alla massa inorganica di divenire organica. Sulla terra si presenta sotto forma di coesione, dispersione, gravitazione, forza centrifuga e centripeta. È presente, sia come forza vitale che come corpo eterico, astrale e magnetico, in tutti gli esseri umani. Rappresenta lo zolfo dell'alchimia.

La materia. Si divide in Etere o Prana e Materia propriamente detta.

a) **Etere o Prana.** È la forma più sottile di materia, invisibile all'occhio umano, definita materia indivisa e indivisibile. In essa sono racchiusi i quattro elementi: aria, acqua, terra e fuoco. I corpi celesti, le sostanze e tutti gli esseri viventi devono la loro esistenza all'etere che, plasmato dall'energia, diventa sostanza primordiale in forma finissima e successivamente materia. Rappresenta il sale dell'alchimia.

b) **Materia.** È la densificazione dei quattro elementi e si presenta negli stadi solido, liquido, gassoso ed eterico.

La vita

Nell'universo, secondo un antico assioma, nulla si crea e nulla si distrugge, ma tutto si trasforma: e in effetti ogni cosa permane, mutando però il suo piano evolutivo. Per questa legge l'energia dell'universo non diminuisce e non aumenta, ma si trasforma continuamente passando da uno stato di vibrazione a un altro. La vita nasce dal Logos o spirito: dalle dimensioni invisibili questo manda un pensiero (o vibrazione di vita) che densificandosi incontra l'energia e l'etere che gli permettono di manifestarsi sulla terra. La simbologia di questa manifestazione è una ruota con al centro l'Io o spirito e all'esterno il manifestarsi della vita sempre mutabile e in divenire. Il risultato di questi due movimenti è l'esistenza e le sue esperienze che trasformano l'essere attraverso l'evoluzione.

I Tattwa

Per poterci addentrare maggiormente nel mistero della creazione, rimanendo nell'ottica di questo lavoro, mi è sembrato opportuno prendere in esame alcuni elementi della filosofia orientale, che ben si adattano al mio scopo. Mi riferisco in particolare ai Tattwa, che rappresentano «il Tutto» e che, come vedremo più avanti, è possibile visualizzare per entrare in essi e caricarsi di energia. Il concetto di Tattwa racchiude in sé tutto ciò che esiste nell'universo. Essi vengono usati sia in magia che in alchimia, anche sotto altri nomi. I Tattwa (un termine che significa «essenza del ciò») rappresentano i mattoni con i quali è costruito il nostro fisico, la nostra esperienza e la nostra evoluzione. Simboleggiano l'energia nella sua forma elementare e corrispondono nella nostra tradizione agli archetipi. Ogni livello di coscienza è una vibrazione di Tattwa in continua mutazione nello spazio.

Esistono cinque Tattwa che rappresentano l'essenza dell'universo e l'anima degli elementi e si associano ai cinque sensi. Essendo presenti in ogni cosa, hanno una grande influenza sull'uomo e ne condizionano la vita. Agiscono su quattro piani: fisico, mentale, psichico e spirituale.

1. **Tattwa eterico.** Simboleggia la giustizia divina e la legge eterna che tutto compenetra. Da esso emanano e si dissolvono tutti gli altri Tattwa. È rappresentato da un ovale nero messo in relazione con lo spirito, mentre i raggi che emana portano rigenerazione, resurrezione ed evoluzione. La sua azione è associata a Saturno, il senso è l'udito. È il Tattwa del silenzio.

2. **Tattwa gassoso.** Rappresenta il movimento e tutto ciò che è in relazione con l'aria, come il viaggiare, il volare e la velocità. È raffigurato da un cerchio az-

zurro e i suoi raggi, positivi per imprese di breve durata, migliorano le facoltà di discernimento, di giudizio e la resistenza corporea. La sua azione è associata a Mercurio e il senso è l'olfatto.

3. **Tattwa del fuoco.** È la forza motrice e a essa si associano quindi tutte le attività che richiedono energia fisica, aggressività e azione. È rappresentato da un triangolo rosso con il vertice rivolto verso l'alto. I suoi raggi sono stimolanti e portano intraprendenza, attività ed eccitazione. La sua azione è associata al Sole e a Marte, il senso è la vista.

4. **Tattwa della terra.** È il principio della vita sul nostro pianeta e rappresenta quindi la legge e l'attività materiale. È raffigurato da un quadrato giallo e i suoi raggi portano pace e felicità, rendendo positivo tutto ciò che si intraprende sotto il loro influsso. La sua azione è associata a Giove, il senso è il tatto.

5. **Tattwa dell'acqua.** È il principio della gioia di vivere, dell'arte e della benevolenza. È rappresentato da una mezzaluna d'argento con le punte verso l'alto. I suoi raggi rendono socievoli e accomodanti e portano armonia nelle relazioni, nell'amore e nell'amicizia. La sua azione è associata a Venere, il senso è il gusto.

LA PRATICA

I Tattwa agiscono in armonia con i segni astrologici e con i mesi a essi associati. Gli esercizi che vi esporrò sono di tipo meditativo e la posizione migliore per eseguirli è quella classica, seduti per terra con la schiena diritta e le gambe incrociate, nella posizione del Loto o Padmasana.

Meditazione sul Tattwa eterico

Questo esercizio può essere eseguito da tutti e in qualsiasi periodo dell'anno senza tener conto delle stagioni o dei segni zodiacali di appartenenza.

a) Mettetevi in una posizione comoda, chiudete gli occhi, rilassate i muscoli del corpo e acquietate le emozioni, respirando regolarmente e con calma.
b) Concentrate la vostra attenzione alla radice del naso e visualizzate uno schermo sul quale appare un ovale nero.
c) Proiettate ora l'ovale all'esterno davanti a voi e immaginate che da esso partano dei raggi di luce che irradiano il vostro corpo e la vostra aura, riarmonizzando entrambi.
d) Concentrate i raggi di luce alla radice del naso e cercate di riassorbirli insieme all'ovale.
e) Rimanete in questo stato quanto volete e, quando riprenderete contatto con il corpo e con il respiro, aprite gli occhi.

Benefici. L'ovale rappresenta la forma dell'universo e la luce simboleggia il suo inizio e la sua fine. Visualizzando e concentrandosi su questi due elementi si attrae in sé l'armonia, la calma e la serenità dell'universo, che ci aiutano ad affrontare la vita e le sue esperienze con forza rinnovata.

Meditazione sul Tattwa gassoso

L'aria è la prima manifestazione di vita, a cui sono associate tutte le attività che riguardano il movimento, il viaggiare e gli incontri. Ed ecco che questa meditazione porterà aria sia dentro che fuori di voi, facendovi fare incontri inattesi. La può eseguire tutti i giorni chi è nato in un segno d'Aria (Gemelli, Bilancia, Acquario), gli altri nei periodi dell'anno comprendenti questi segni.

a) Mettetevi in una posizione comoda, calmi e rilassati e respirate regolarmente, con gli occhi chiusi.
b) Concentrate la vostra attenzione alla radice del naso, visualizzando uno schermo, sul quale appare un cerchio azzurro: osservate il suo colore, che irradia, purifica e armonizza tutto il vostro essere.
c) Proiettate ora questo cerchio all'esterno, immaginando che da esso partano raggi di luce azzurra, che puliscono la vostra aura e il corpo armonizzandoli e proteggendoli.
d) Entrate in questo cerchio identificandovi con esso, fino a sentirvi diventare aria, espandendovi e penetrando ovunque.
e) Rimanete in questo stato quanto volete e quindi riportate la vostra attenzione al cerchio e ai raggi che si trovano fuori di voi e riassorbiteli alla radice del naso.
f) Quando lo desiderate, riprendete contatto con il vostro corpo e con il respiro e aprite gli occhi.

Meditazione sul Tattwa del fuoco

Questo Tattwa porta energia e forza per affrontare e superare ogni situazione. Lo può eseguire tutti i giorni chi è nato in un segno di Fuoco (Ariete, Leone, Sagittario), gli altri nei periodi dell'anno comprendenti questi segni.
a) Mettetevi in una posizione comoda, calmi e rilassati e chiudete gli occhi, respirando regolarmente.
b) Concentrate l'attenzione alla radice del naso e visualizzate uno schermo, su cui appare un triangolo rosso con il vertice rivolto verso l'alto: fatevi pervadere dal suo colore, che porta energia e armonia a tutto il fisico.
c) Proiettate ora il triangolo rosso all'esterno, davanti a voi, e immaginate che da esso partano raggi di lu-

ce rossa che vivificano, rinforzano e armonizzano il vostro corpo e la vostra aura.

d) Proiettatevi all'interno del triangolo e identificatevi con il rosso e la sua energia. Immaginate che il rosso sia un fuoco che arde o un sole, entrate in esso e sentitene l'energia, la forza e il calore che vi invadono rigenerandovi.

e) Rimanete in questo stato quanto volete e quindi uscite dal fuoco, dal triangolo e riassorbite alla radice del naso i raggi rossi e il triangolo sentendovi ricaricati.

f) Quando lo desiderate, riprendete contatto con il corpo e con il respiro e aprite gli occhi.

Meditazione sul Tattwa della terra

La terra è la Grande Madre, che elargisce frutti e ricchezze agli uomini. Essa simboleggia l'attività materiale e tutto ciò che è terra, quindi materia. Questa meditazione può essere eseguita tutti i giorni da chi è nato in un segno di Terra (Toro, Vergine, Capricorno); gli altri nei periodi dell'anno comprendenti questi segni.

a) Mettetevi in una posizione comoda, calmi e rilassati e chiudete gli occhi.

b) Portate la vostra attenzione alla radice del naso e visualizzate uno schermo, sul quale comparirà un quadrato di colore giallo oro: fatevi pervadere da questo colore, che vi porta armonia, energia e calma.

c) Proiettate ora il quadrato all'esterno di fronte a voi e immaginate che da esso partano raggi di luce d'oro, che purificano e armonizzano la vostra aura e il vostro corpo.

d) Fatevi invadere totalmente dalla luce e dal quadrato giallo e sentitevi contornati da un'energia compatta e solida come la terra. Ora siete circondati dalla terra, la sentite premere da ogni parte e questo vi comunica un senso di protezione e di calma.

e) Immedesimatevi in un seme: sentitevi un seme nella terra e prendete da essa tutta l'energia necessaria per germogliare, nascere e svilupparvi.

f) Rimanete su questa immagine quanto volete. Quindi uscite dalla terra e rientrate in voi stessi. Riassorbite la luce e il quadrato alla radice del naso e cercate di sentire in voi la forza che la terra vi ha dato.

g) Quando lo desiderate, prendete contatto con il corpo e con il respiro e riaprite gli occhi.

Meditazione sul Tattwa dell'acqua

L'acqua rappresenta protezione, intuizione e rinascita. Questa meditazione può essere eseguita tutti i giorni da chi è nato in un segno d'Acqua (Cancro, Scorpione, Pesci), gli altri nei periodi dell'anno corrispondenti a questi segni.

a) Mettetevi in una posizione comoda, calmi e rilassati e con gli occhi chiusi e, portando l'attenzione alla radice del naso, visualizzate uno schermo, sul quale comparirà una mezzaluna, con le punte rivolte verso l'alto e di colore argento.

b) Osservate la luna, mentre i suoi raggi raggiungono il vostro essere e fatevi pervadere dalla luce argentea che essa emana.

c) Proiettate all'esterno la mezzaluna d'argento e immaginate che da essa partano raggi di luce che armonizzano la vostra aura e il vostro corpo, creando una protezione intorno a voi.

d) Proiettatevi nella mezzaluna e identificatevi con essa, sentendo la sua evanescenza e la sua luce.

e) Immergendovi nella luna, avrete la sensazione di trovarvi sul fondo del mare, di cui dovete cercare di captarne la vita, la forza, la fluidità e la purezza. Osservate lo scenario in cui siete immersi, cogliendo il maggior numero possibile di particolari: guardate i pesci e i molluschi, le alghe e i coralli, l'acqua e tutto il mondo che vi circonda e ascoltate le vostre emozioni, fino a trovare in voi la felicità. Sentite l'acqua intorno e sopra di voi e consideratene gli attributi positivi, legati alla sua simbologia, come l'intuizione, la passività, il rilassamento, la veggenza e la maternità.

f) Uscite dall'acqua e dalla mezzaluna e portate l'attenzione dentro di voi. Riassorbite i raggi d'argento e la mezzaluna alla radice del naso e fatevi invadere dalla passività e dalla calma che essi emanano.

g) Rimanete in questo stato quanto volete e quindi riprendete contatto con il corpo e il respiro e riaprite gli occhi.

Benefici. Queste meditazioni servono per prendere coscienza degli elementi che costituiscono la vita sulla terra. Essi ci purificano dalle negatività e dalle interferenze magnetiche che ci bloccano fisicamente e psicologicamente. Se eseguirete questi esercizi con metodo e costanza otterrete grandi risultati, verificando come la teoria dei Tattwa costituisca un fondamento della vita.

CAPITOLO II

LA NASCITA DELL'UOMO

I corpi sottili

Secondo l'insegnamento esoterico occidentale, l'uomo è un microcosmo, formato da numerose componenti, che vibra e riproduce il macrocosmo o universo dal quale proviene. Pensare a una coscienza funzionante in assenza di una struttura o di un corpo è contrario a ogni logica, perché senza un veicolo non esiste una coscienza individuale e senza una struttura limitante non può esserci individualità ma solo universalità. L'uomo è formato da vari livelli o piani di coscienza, che per san Paolo sono tre, spirito, anima e corpo, ma che possono essere estesi a spirito, anima, corpo astrale, eterico e fisico.

Spirito. È la parte divina che è in noi e ci permette di capire la nostra esperienza e la nostra evoluzione, ci aiuta a percorrere la nostra strada intuendone il disegno (o karma) e il senso. È ciò che ci spinge a seguire il cammino che abbiamo scelto per evolverci. Lo scopo ultimo dell'esistenza è quello di conseguire l'unione con lo spirito, per annullarsi in esso per l'eternità.

Anima. È un frammento di eternità e non ha costituzione, origine e immagine, ma è consapevole e partecipe della totalità immutabile. Essendo eterna, immortale e indistruttibile, è ciò che rimane di noi nell'universo. Si potrebbe configurare nell'impulso alla rinascita e all'evoluzione.

Corpo astrale. Per i Greci, il corpo astrale (dal greco *aster*, che significa stella) era un involucro luminoso, formato da materia sottilissima che ricopre l'anima. È fisico e ultrafisico perché racchiude in sé sia il corpo fisico che l'eterico. È chiamato anche «doppio» e quando si stacca dal corpo ha le sue stesse dimensioni, ma con una luminosità più intensa. Sopravvive alla morte per un certo tempo.

Corpo eterico. Il corpo fisico e l'astrale sono uniti da un'atmosfera o energia o aura, che è il veicolo della vitalità e si identifica nel corpo eterico. Esso ha una natura semifisica e la sua funzione è quella di formare un ponte fra il corpo, l'astrale e l'anima. Sia l'eterico che l'astrale possono essere proiettati e visti come entità autonome, indipendenti dal corpo fisico.

Corpo fisico. È il veicolo che ci permette di svolgere il compito che abbiamo scelto o karma. L'incarnarsi dell'anima nel corpo e la sua densificazione nella vita individuale, nei sensi, nella psiche e nelle facoltà discriminanti, dà luogo all'ego che usa l'ambiente materiale per poter svolgere la sua attività.

La teoria orientale

Anche per gli orientali esistono i corpi sottili, ciascuno con i suoi centri di forza (o chakra): tuttavia essi vengono considerati strumenti per ottenere l'unione con la parte più nascosta di noi. L'Oriente ci insegna, con un concetto molto difficile da accettare e soprattutto da mettere in pratica, che la realtà che cade sotto i dati sensoriali non è la realtà autentica, bensì Maya, o illusione. Questo significa che non dobbiamo concentrare l'attenzione all'analisi del mondo esterno, ma dirigerla verso una prospettiva interiore, realizzando un cammino d'introspezione profonda, oltrepassando i livelli della realtà sensoriale, fisica ed emotiva, per giungere al centro, dove la materia è energia e l'energia è coscienza. Tuttavia il lavoro su se stessi non è un fine, ma un mezzo, che ha lo scopo di raggiungere qualcosa che va oltre le tecniche praticate: è un'esplorazione della propria interiorità, dagli strati più superficiali sino al centro dell'uomo o anima. La materia viene creata dalla mente, che rappresenta a se stessa la realtà che percepisce, interpretandone illusoriamente l'esistenza. Nelle regioni più profonde della nostra interiorità, lontano dall'intelletto e dalla razionalità, è custodita la verità e la conoscenza. E poiché il microcosmo uomo riproduce in sé tutta la complessità dell'universo, per conseguire la conoscenza non è necessaria tanto un'analisi del macrocosmo esteriore, come fa la scienza o comunque l'approccio occidentale, ma una discesa nell'essere dentro di sé. Armonizzando fra loro le varie parti di cui è costituito, l'uomo riuscirà a uscire dalla catena delle esistenze e a trovare quella libertà che da sempre cerca dentro e fuori di lui.

La teoria teosofica

La Società Teosofica, fondata nel 1875 a New York (e poi trasferita in India) dal colonnello Olcott e da Helena Blavatsky, diede vita a una corrente di pensiero che aveva lo scopo di conciliare gli insegnamenti esoterici occidentali con quelli orientali. Essa sviluppò una complessa teoria riguardante l'anatomia occulta dell'uomo. Secondo questo insegnamento, non esiste solo un corpo sottile, ma ve ne sono molti che vivono e si evolvono in varie dimensioni. Powell analizza nei suoi scritti la funzione dei vari corpi, collegati ai rispettivi piani di coscienza, e cioè il fisico, l'eterico, l'astrale, il mentale e il corpo causale. Dopo la morte questi corpi si dissolvono, e la coscienza si attiva in numerosi stadi, ognuno con una forma e una personalità riconoscibile in una gerarchia spirituale. I tre Logos, o Emanazioni, danno vita a sette mondi o piani di realtà, di cui quattro superiori e tre inferiori, ognuno dei quali si suddivide a sua volta in altri sette piani. I primi, di puro spirito, comprendono Mahaparanirvanico, Paranirvanico, Nirvanico e Buddhico. Quelli inferiori comprendono invece il piano mentale, l'astrale e il fisico.

1. **Piano mentale.** Si divide in sette dimensioni formate da due gruppi distinti:

a) *Arupa* (o senza forma) o causale, ternario, è la sede del Sé superiore, che evolve molto lentamente ed è veicolo di contatto con i mondi superiori.

b) *Rupa* (o con forma), quaternario, sede dell'Ego.

2. **Piano o corpo astrale.** È quello intermedio tra il corpo fisico e il mentale e permette di trasformare le impressioni in sensazioni. Esso possiede dei centri, o chakra (che in sanscrito significa ruote, o centri di energia), la cui funzione è quella di attrarre energia e vitalità per poi distribuirla nel corpo fisico. Durante il sonno, l'astrale si separa dal fisico per vivere esperienze che non sempre si ricordano in stato di veglia, ma che spesso vengono tradotte in sogni simbolici. È protagonista di tutte le esperienze che ci mettono in contatto con altre dimensioni, come lo sdoppiamento, il sogno lucido, il volare con l'anima. A differenza della teoria occidentale, secondo la teosofia il corpo astrale sopravvive alla morte fisica.

3. **Piano o corpo fisico-eterico.** In esso sono contenuti due principi:

a) Un principio materiale, che forma l'involucro più

pesante, quello che chiamiamo anche nel linguaggio comune corpo, cioè lo strumento che ci serve per evolverci.

b) L'eterico, che riproduce il corpo fisico e rappresenta il campo elettromagnetico dell'uomo. Ha un colore grigio-violetto e carica il corpo fisico di prana o energia vitale. Sopravvive poco tempo al corpo fisico e può apparire dopo la morte.

Per quanto particolareggiate, queste suddivisioni sono da considerarsi puramente simboliche, speculative, e certamente poco verificabili, soprattutto da un punto di vista operativo. Il disaccordo sulle definizioni e sulla nomenclatura è irrilevante, in quanto l'unica cosa certa è che una parte della totalità del nostro essere può distaccarsi dal corpo fisico e avere una propria esistenza autonoma, non solo dopo la morte ma anche negli stati alterati di coscienza.

La corda d'argento

Non sempre il corpo astrale può fluttuare liberamente, quando si stacca dal fisico: in molti casi esso rimane collegato per mezzo di un filo capace di tendersi all'infinito, simile a un cordone ombelicale energetico, chiamato corda d'argento. La maggior parte di coloro che hanno sperimentato l'uscita dal corpo confermano questa teoria, che ritroviamo anche in testimonianze molto antiche. Questa corda, che è elastica e luminosa come un fascio di luce, può essere considerata un'estensione del corpo astrale e la sua connessione con il corpo fisico è tale da consentire che non si interrompano i processi vitali. La sua funzione è quella di trasmettere la vitalità e le informazioni ai due corpi durante il viaggio. Le sue dimensioni variano con la distanza: esso passa da uno spessore di qualche centimetro a uno quasi invisibile. La sua rottura o distacco (peraltro impossibile durante i viaggi astrali) causerebbe la morte. Non tutti gli studiosi accettano l'esistenza di questo legame: per alcuni infatti esso è puramente simbolico, come un rassicurante cordone ombelicale o una forma di allucinazione indotta dal panico. Quando siamo svegli, in uno stato di coscienza non alterato, il corpo fisico e quello astrale coincidono e la corda è concentrata in un piccolo nodo, la cui localizzazione è individuata in prossimità della testa o delle scapole. Anche se personalmente non ho mai visto questa corda, ritengo possa essere importante come elemento di rassicurazione e come legame fra le varie dimensioni: la certezza che vi sia sempre chi ci riporta in ogni caso nel corpo serve ad affrontare questa esperienza senza paura.

Canali energetici

Noi occidentali, anche se non neghiamo la dimensione psichica e intellettuale, né quella spirituale, siamo abituati a pensare all'uomo come a un essere costituito di corpo materiale, fatto di muscoli, ossa e sistema nervoso, mentre la psiche, la mente e l'anima vengono considerate parti astratte e quasi ininfluenti. Eppure, oltre all'energia elettrica e ai campi elettromagnetici, che contribuiscono a mantenere ogni essere in vita, vi sono altre energie sottili, essenziali all'esistenza e alla salute, che vanno armonizzate per evitare la malattia: non a caso in questi ultimi tempi si parla molto di bioenergia, energia sessuale ed energia psichica. Le dottrine esoteriche hanno sempre parlato di corpi energetici o sottili alimentati dal prana, o energia vitale, di cui è permeato l'universo. Secondo i testi Yoga o Tantra, gli esseri umani sono composti da cinque involucri di energia o Kosha che interagiscono l'uno con l'altro grazie al prana. Il corpo pranico o energetico può essere paragonato a un sistema bioelettromagnetico vibrante, sede di scambio costante di energie cosmico spirituali. Questo campo circonda l'embrione e accompagna il corpo durante tutta la sua esistenza e dopo la morte sopravvive alla struttura fisica. Gli antichi Yogi avevano tracciato il sistema dei chakra o centri di forza, che può essere considerato come la forma archetipica della vita manifesta nell'universo. Nell'uomo questa struttura è costituita secondo un asse centrale, che si configura nel midollo spinale, lungo il quale si collocano sette centri d'energia, circondati da due correnti energetiche che si intrecciano. Nell'anatomia pranica la rete dei Nadi (dal sanscrito Nad, che significa suono, risonanza, vibrazione) ha origine da due fonti:

1. Dal cuore, inteso come sede della coscienza, da dove emanano circa un centinaio di Nadi con la funzione di unire la mente al cuore. Da questi Nadi si manifestano le sensazioni, le emozioni, le forme mentali e le intuizioni della coscienza superiore.
2. Sotto l'ombelico, dove vengono originati oltre settantamila Nadi, con il ruolo di trasmettere la parte energetica di tutto ciò che si ingerisce, come cibo, aria, acqua od ogni altra cosa nel corpo, e di eliminare le tossine in esso accumulate. Alcuni sono portatori di energie materiali, altri apportano energia mentale o spirituale.

I principali Nadi sono:

a) **Sushumna,** o midollo spinale, che scorre al centro della spina dorsale.

b) **Ida,** che scorre a sinistra e apporta energia femminile, negativa e lunare.

c) **Pingala,** che scorre nella parte destra e apporta energia maschile, positiva e solare.

Ida e Pingala si intrecciano attorno a Sushumna come due serpenti e salgono sino al terzo occhio. Tutti e tre nascono da Kunda, alla base della spina dorsale da dove s'innalza Kundalini o forza vitale.

Kundalini si identifica in un serpente di color verde-marrone, il quale simboleggia l'energia sessuale che, se sublimata e armonizzata, porta l'uomo all'illuminazione. Anche se è possibile risvegliarla con speciali tecniche e meditazioni, questa operazione richiede molta cautela, perché può risultare dannosa per chi non è preparato.

LA PRATICA

Gli esercizi che seguono hanno la funzione di rivitalizzare il fisico, polarizzandolo, e di scaricare le tensioni accumulate. Quando l'uomo lavora per sondare nel profondo la propria mente, si avvicina al nucleo del proprio essere e può così raggiungere l'esperienza dell'autointegrazione fisica, mentale ed emotiva.

Rivitalizzazione

Quando la mente cosmica, origine e causa prima dell'universo che permea e influenza ogni cosa, si manifesta nel costruire la materia, utilizza il prana come energia fondamentale. E l'uomo, la creatura più perfetta della creazione, assoggettato alla volontà divina, ha la facoltà di accrescere, accumulare e controllare il prana immesso nel corpo mediante il controllo del respiro. Quindi, per raggiungere questo scopo e rivitalizzare il fisico, durante gli esercizi di respirazione è indispensabile concentrare la mente sul corpo e far circolare in esso il prana.

La tecnica

1. Sdraiatevi, con i piedi uniti e le braccia lungo i fianchi, inalate un respiro lento e profondo e poi tratte-

netelo. Concentrate ora l'attenzione sui piedi e visualizzate l'energia pranica che s'irradia in quest'area, producendo un benefico formicolio. Quindi espirate e rilassatevi.
2. Inspirate e trattenete il respiro concentrando la mente sulle caviglie e inviatevi il prana sino a sentire un formicolio, quindi espirate e rilassatevi.
3. Procedete risalendo lungo tutto il corpo e concentrandovi sui punti vitali: gambe, bacino, ventre, addome, petto, spalle, schiena, braccia, collo, nuca.
4. Ripassate nuovamente in rassegna il corpo, dai piedi alla testa, sino ad avvertire un senso di calore.
5. Eseguite questo esercizio per quindici minuti, durante i quali dovrete ripetere alcune volte tutti i punti precedenti.

Benefici. Questa tecnica di rivitalizzazione è eccellente per richiamare la mente a uno stato profondo di introspezione, producendo uno stato psicofisico di benessere.

Polarizzazione

Con questo esercizio si impara a concentrarsi sulla parte inconscia del proprio essere, in modo che conscio e inconscio si fondano tra loro: con questa operazione si magnetizza il corpo, apportando armonia ed equilibrio.

La pratica

1. Sdraiatevi e chiudete gli occhi. Tenete i piedi uniti e le braccia lungo i fianchi, facendo fluire una corrente di pensiero calma e rilassante dai piedi alla testa.
2. Poi, con una inalazione lenta, visualizzate l'energia solare di colore giallo dorato che, entrando dalla sommità del capo, attraversi il corpo e fuoriesca dalle piante dei piedi.

3. Durante l'espirazione visualizzate l'energia lunare, di colore azzurro, che dai piedi, attraversando tutto il corpo, fuoriesce dalla sommità del capo.
4. Continuate a inspirare ed espirare concentrandovi sul passaggio di queste energie, sino a sentirvi rivitalizzati. Quindi riprendete contatto con il corpo.

Benefici. Questo esercizio allontana le preoccupazioni ed è quindi indicato negli stati di ansia, depressioni, nevrosi e insonnia. Sviluppando la coscienza interiore si aumenta la visualizzazione e la concentrazione, ottenendo migliori risultati anche nell'apprendimento. L'energia psicofisica viene controllata e purificata, inducendo uno stato di serenità e calma nel corpo.

Yoni Mudra

Questa tecnica permette di raggiungere l'armonia tra mente e corpo, favorendo soprattutto la capacità di entrare a contatto con la parte più profonda di sé.
1. Sedetevi in una posizione comoda, portando i gomiti ad angolo retto rispetto al corpo.
2. Con le dita della mano chiudete ogni orifizio del viso: con i pollici chiudete le orecchie e con i due indici gli occhi, posate i medi sulla parte alta del naso, con gli anulari chiudete il labbro superiore e con i mignoli quello inferiore.
3. Respirate lentamente e regolarmente. Concentratevi sulle immagini mentali che possono presentarsi, macchie o colori, cercando di cancellarle.
4. Mantenete questa posizione per almeno cinque minuti, che in seguito porterete gradatamente a quindici. Con la pratica i colori appariranno più vivaci e avrete una sensazione di tranquillità e calma.

5. Respirate ora a narici alternate, chiudendo successivamente la narice destra e la sinistra con i medi.
6. Dopo aver stabilito il ritmo della respirazione, ripetete mentalmente: **Ham,** nella fase di inspirazione e **Sa** in quella di espirazione. Lasciatevi assorbire totalmente dall'esercizio e dalla sua esperienza.
7. Continuate per quindici minuti e quindi prendete contatto con il corpo e aprite gli occhi.

Pulire l'aura con l'acqua. Ritiratevi in una stanza appartata con un catino d'acqua. Sedetevi in una posizione comoda e chiudete gli occhi.

a) Concentrate la vostra attenzione sulla fronte, alla radice del naso, e lasciate libera la mente di scaricarsi da tutti i pensieri, emozioni e tensioni della giornata.

b) Immergete quindi le mani nel catino in modo da toccare il fondo del recipiente.

c) Immaginate di scaricare nell'acqua tutto ciò che vi ha disturbato o fuorviato durante la giornata, passando dalla testa (mente) alle mani, attraverso le braccia.

d) Quando vi sentirete calmi e rilassati, senza più tensioni, fate un lungo respiro e aprite gli occhi.

CAPITOLO III

MODIFICARSI DENTRO

Sul cammino dell'evoluzione e dello sviluppo delle facoltà psichiche, è necessario trovare l'armonia psicofisica, incominciando dalle cose più semplici, come può essere la respirazione o l'atteggiamento mentale. Il primo passo è il controllo dell'alimentazione: essa ha un ruolo importantissimo nel cammino spirituale. Attraverso la nutrizione infatti (come vedremo più avanti) si immette nel corpo non solo la materia prima, ma anche l'energia e insieme le sostanze che partecipano alla formazione dell'alimento interno, l'anima.

Spirito e nutrizione

Il corpo si compone delle stesse energie e sostanze che formano sia l'universo che il mondo materiale e quindi ne subisce le stesse leggi. Ogni corpo è circondato da un campo magnetico, che, condensando le sue forze provoca nell'organismo la formazione della materia. La trasformazione da alimento a energia avviene tramite il corpo eterico, che è attivato dall'incontro fra le forze che compongono l'alimento e il magnetismo. Ma dove prendono i corpi sottili le sostanze che servono per la loro formazione e il loro mantenimento? Secondo un concetto esoterico, sia dall'universo che partecipa anche alla loro formazione e al mantenimento, che attraverso l'assimilazione degli alimenti, il cervello, il sistema neurosensoriale e la respirazione. Nell'uomo nulla è possibile senza la partecipazione di corpo, anima e spirito: di conseguenza tutto dipende dall'armonia di queste entità, che permettono alla personalità di svilupparsi liberamente. Le condizioni necessarie per compiere il cammino terreno sono l'equilibrio spirituale e sensoriale e il pensiero positivo, supportati da un'alimentazione in grado di attivare il corpo eterico.

Il cibo in Oriente

Secondo un testo Taoista: « Il sole irradia calore, che fa evaporare l'acqua. Il vapore si trasforma in nubi dalle quali cade sulla terra la pioggia. L'uomo coltiva la terra e produce il cibo che, consumato, crea l'energia per il mantenimento del vigore fisico. Il vigore genera la disciplina che sviluppa la fede, la quale dà la conoscenza. La conoscenza dona l'apprendimento che genera la calma. La calma sviluppa la memoria, che induce il riconoscimento. Il riconoscimento dona il giudizio, che conduce all'autorealizzazione ». Per gli orientali il cibo è molto di più che un elemento di vita: esso sottintende una filosofia, un mondo nel quale potersi verificare e dal quale trarre degli insegnamenti. Esistono tre categorie di cibo.

a) **Sattvico,** che porta longevità, salute e felicità. Deriva dal giusto equilibrio dei Sattva in esso contenuti. A esso sono associati: latte, burro, frutta, verdura e frumento.
b) **Rajasico,** che offusca la coscienza, produce eccitazione e ostacola il progresso spirituale. A esso sono associati: carne, spezie, cibi e bevande eccitanti, pesce e uova.
c) **Tamasico,** che crea malattie e infermità e non permette l'evoluzione, bloccando il progresso spirituale. A esso sono associati: cibi deteriorati, troppo maturi o in stato di decomposizione.

Ciò che determina l'appartenenza all'una o l'altra categoria non è solo la natura del cibo, ma il modo con cui ci avviciniamo a esso. La scelta dei vari alimenti viene effettuata dall'essere umano a seconda della sua evoluzione spirituale e intellettuale. Chi è più evoluto sceglie cibi Sattvici, che portano calma e purezza alla mente, dando il giusto nutrimento al corpo. Chi tende all'evoluzione, ma non ha ancora superato le sue prove, ed è quindi più condizionato dalla terra e dal fisico, sceglie cibi energizzanti e stimolanti, cioè Rajasici, che incrementano le passioni animali e sconvolgono la mente, provando l'uomo per fargli ottenere l'evoluzione. Infine chi è meno evoluto sceglierà cibo impuro o Tamasico, che porta al corpo pigrizia e ottusità, facendo diminuire le capacità intellettuali e indebolendone il fisico.

Digiuno via di salute

Poiché l'alimentazione è il cordone ombelicale che ci lega alla terra e ai condizionamenti quotidiani, interrompere questo legame porta a fare i conti con la propria autonomia e con tutto quello che ciò comporta. Da un lato significa potersi ripiegare in se stessi, ancorandosi alla parte più profonda della propria psiche, dall'altro scatena le ansie dell'abbandono nei confronti di un aspetto importante della realtà esterna. Il digiuno diventa quindi occasione di uno straordinario viaggio interiore, oppure una voragine misteriosa. Esso non è un banale astenersi dal cibo, ma bensì una vera esperienza di analisi interiore che, se condotto saggiamente, può portare a una crescita interiore. I grandi saggi, le cui forze spirituali raggiungono vette a noi inaccessibili, ricorrono spesso al digiuno come pratica di pulizia e di liberazione. In ogni caso, al di là di questa pratica, a tavola è importante e salutare perseguire sempre la moderazione: infatti è meglio terminare un pasto con l'impressione di avere ancora fame, piuttosto che essere saziati e gonfi di alimenti. Poiché una parte delle nostre energie viene impiegata per la digestione, con il digiuno si può far riposare l'apparato digestivo, apportando energia e salute al fisico. Digiunare una volta la settimana è un buon mezzo che serve a educare la volontà e disintossicare l'organismo. Paradossalmente è più difficile terminare che non iniziare un digiuno, dato che è necessario far riabituare il fisico al cibo. Bernard Shaw disse: «Chiunque può digiunare, ma solo un saggio è in grado di rompere il digiuno in modo appropriato».

L'armonia della mente: il silenzio

Tutte le religioni raccomandando il ritiro e il silenzio come momenti di interiorità, di meditazione e di preparazione. Anche Gesù andò nel deserto, dove venne tentato, e Giovanni il Battista vi si recò prima di morire. Molti saggi trovarono e trovano ancora oggi la via nel deserto, che diventa un simbolo significativo di solitudine, introspezione e silenzio: questo implica il potere e dona un linguaggio dal quale si può imparare molto di più che dalla parola. L'uomo dedito al silenzio impressiona di più, ha più dignità e rassicura sul fatto di aver meditato su quanto gli viene detto. Un giorno di silenzio assoluto di tanto in tanto e a intervalli regolari è una buona pratica di preparazione al volare con l'anima. Dice il Saggio: «Oltre al digiuno, cerca di praticare il silenzio. Non rivolgere la parola a nessuno in quei giorni. Se qualcuno ti parla, rispondi con un gesto o, in caso di necessità, per iscritto. Nessuno può immaginare il beneficio che trarrai da questa pratica prima di averla sperimentata». L'uomo ha in sé il potere di istruire e cambiare gli altri senza fare o dire nulla, solo con il silenzio, l'attenzione e l'esempio. L'insegnamento silenzioso è una comunicazione immediata da mente a mente di sapienza, impossibile a esprimersi con le parole, e ancor più è l'unico mezzo di insegnamento per lo spirito. Cristo accettò di morire in croce per salvare l'umanità: concentrò l'energia del suo corpo e della sua mente in questo desiderio e in silenzio sopportò il Calvario. Lasciò che per lui parlassero il corpo e lo spirito e questo silenzio manifestò a tutti gli uomini che era il figlio di Dio. La presenza e il silenzio di Cristo furono la spada per salvare l'umanità e donare a essa la vita eterna e la resurrezione. Come si possono ascoltare queste bellissime e terribili parole, che Gesù non ha mai espresso, ma che tutto il suo essere, nel silenzio, ha comunicato agli altri? Crocifiggendoci con lui per morire la Grande Morte e vivere la resurrezione. Francesco d'Assisi, che visse questa crocefissione, diceva che l'anima è l'eremita e il corpo l'eremo. Dobbiamo entrare nell'eremo e pregare per poter santificare ciò che facciamo e vivere nel mondo portando agli altri l'amore. L'amore, la fede e la speranza sono le forze che permettono di volare non solo con l'anima, ma con tutto il proprio essere. Volare significa essere e sentirsi leggeri, vincere le forze che ci legano alla terra per poterci innalzare. Tutto questo può apparire irrazionale, assurdo, per alcuni anche al limite della pazzia, ma per chi, come Francesco d'Assisi, sa vivere il proprio sogno nella realtà e per esso sa anche morire, questa è la strada, la via che serve per arrivare a Fratello Sole. Cristo disse: «Io sono la Via, la Verità e la Vita». La via è abbandonare il mondo per trovare il deserto che è in noi e annullarci nell'universo, la verità e la vita ce le porterà il Cristo quando e dove vorrà. Siatene certi, il Saggio è là solo per voi e vi aspetta in una dimensione dove il tempo non esiste.

Soli con la natura. Imparate a prendere di tanto in tanto un giorno di vacanza e andate a camminare per i boschi. Cercate angoli solitari, pittoreschi, dove avrete il piacere di posare lo sguardo. Lasciatevi dietro le preoccupazioni, il lavoro, e tutte le tensioni accumulate. Ditevi: «Oggi avrò il piacere di fare una passeggiata in silenzio con me stesso». Mentre camminate diffondete amore intorno a voi e assorbite amore da tutto ciò che vi circonda. Camminate e pregate immersi nella natura che vi circonda, protetti dal cielo che vi sovrasta: nulla e nessuno vi potrà fuorviare da questo. Cercate di entrare in questa pace e di trovare la fonte di tutte le energie, con le quali dovete armonizzarvi, per portarle sempre dentro di voi.

Vincere l'emozione

Molti credono, e a volte con ragione, che le emozioni costituiscano il sale della vita: in effetti esse esaltano i sentimenti e ravvivano il pensiero, colorando le esperienze. Tuttavia, specie se violente e improvvise, vengono a turbare quella situazione di stabilità e di quiete che ogni uomo cerca di attuare dentro di sé. È stato calcolato che in pochi secondi il cervello può assorbire dieci milioni di informazioni (di cui cinque attraverso i campi visivi, quattro attraverso la pelle e uno con l'udito), una gran parte delle quali è destinata a trasformarsi in emozioni. Anche se non violente, queste mettono a dura prova anche l'autocontrollo più collaudato, dato che tendono per loro natura ad annebbiare il pensiero e a indebolire la volontà. Un ingorgo emotivo prolungato può portare alla nevrosi: tuttavia, per evitare il più possibile questo inconveniente, la natura ha provvisto l'uomo di un sistema reticolare che agisce da filtro e provvede a scaricare le emozioni prima che esse raggiungano i neuroni della corteccia cerebrale. Una forte emozione produce uno sconvolgimento generale dell'essere: inviando la propria carica elettro-emotiva nel cervello, essa manda a massa l'attività elettrica. La psicosomatica ha codificato molte malattie indotte da una psiche fortemente alterata, che genera uno squilibrio nel sistema cardio-circolatorio (dall'ipo o ipertensione fino all'infarto), in quello digestivo (ulcera, stipsi, colite), immunitario (dalle allergie fino alle malattie virali) e nervoso (ansia e depressione), oltre alle alterazioni della pelle (eczema, psoriasi). È compito della corteccia cerebrale dare rilievo alle emozioni più significative, che servono a tenere desta la nostra attenzione e a gratificarci nel rapporto con il mondo che ci circonda. Certamente l'emotività varia da individuo a individuo, anche se in genere chi sperimenta con forte intensità la gioia, con altrettanta intensità sarà sensibile al dolore. Una grande emotività deve essere controllata o ancor meglio scaricata a tempo, perché altera la visione della realtà, per esempio può indurre a vedere rischi e pericoli anche dove non ci sono. Vi sono molte tecniche adatte a questo scopo, anche se il modo migliore per agire sull'emotività è quello di prevenirla, imparando a rimanere calmi anche di fronte a un evento inatteso e indesiderato: solo uno stato di calma permette all'individuo di prepararsi con risposte adeguate all'insorgere dell'emozione. La previsione degli eventi aiuta anche ad astenersi da reazioni esagerate o incontrollate, prolungando il tempo di reazione e consentendo così alla mente di prendere una più esatta coscienza delle circostanze. Insegna il Saggio: « Di fronte a una forte emozione, cerca di prendere tempo e di verificare di persona come stiano realmente le cose, specie quando ti siano state riferite. La tendenza a esagerare e a deformare la realtà è un vizio diffuso. Il diavolo non è mai così brutto come si dipinge ».

Quando siamo investiti da forti emozioni generate da eventi traumatici (come potrebbe essere la malattia, la morte, un tracollo finanziario o una separazione), ciò che più conta e che ci aiuta a superare ogni situazione sono i valori che abbiamo saputo far fiorire dentro di noi. La regola è « essere ciò che siamo ». Come afferma un Maestro Tibetano: «Come prima regola non dovete mai lasciarvi spaventare dagli affetti: se non vi foste mai sentiti attratti verso una persona più che verso altre, non sareste esseri umani. La seconda è che non si possono ignorare le emozioni come se non esistessero, né i propri affetti, che vanno vissuti fino in fondo, comprendendo il ruolo che essi hanno nella propria esistenza. È alquanto pericoloso soffocare o estinguere ciò che si sente per gli altri, perché fa parte del vostro essere. Certo, il vissuto delle emozioni e degli affetti cambia con il cambiare dell'età. Nella prima parte della vita, i problemi sessuali ed emozionali giocano un ruolo molto forte e ci condizionano fortemente. Più tardi sono gli affetti a ferirci più profondamente, perché prendiamo coscienza del bisogno che un Io maschile ha della sua controparte femminile (o viceversa). Quindi ci si trova a dover scegliere se avere una compagna oppure votarsi all'astinenza. Questi non sono problemi gravi: tuttavia essi ci condizionano per tutta la vita nel carattere e nelle scelte quotidiane. Ecco perché la presa di coscienza di queste verità ci avvicina alla strada per raggiungere il Maestro».

Parliamo di stress

Lo stress è un fattore presente nella vita dell'uomo sin dall'inizio dei tempi e consiste nella reazione agli stimoli, che porta a convertire il pensiero in azione, essenziale alla sopravvivenza della specie. E poiché oggi viviamo in un'era caratterizzata da grandi cambiamenti in rapida evoluzione, siamo sottoposti a maggiori pressioni per adattarci al passo, competere e sopravvivere. Lo stress è uno dei problemi attuali più evidenti e nello stesso tempo una conseguenza inevitabile della condizione esistenziale. La maggior parte delle persone vive perennemente in tensione, generata dai livelli ormonali sempre in aumento proprio a causa dello stress: del resto sembra impossibile evitare questa costante eccitazione nervosa, usata come antidoto contro l'intollerabile prospettiva della noia e, inconsciamente, come strumento per non perdere il controllo di se stessi e della propria vita. Questo continuo competere con gli altri e con se stessi scatena una serie di emozioni, che danneggiano la salute fino a generare la malattia. Lo stress ha significati diversi, perché ciò che può essere stressante per una persona può risultare piacevole per un'altra; inoltre non è l'avvenimento esterno che lo genera, ma il modo in cui esso viene vissuto. La tensione non viene accumulata solo da chi vive una vita frenetica, ma anche da chi soffre per eccessiva monotonia, noia o frustrazione, dovute a insufficienza di stimoli. È difficile trovare un giusto equilibrio fra troppa e troppo poca eccitazione; inoltre difficilmente si è consapevoli della dose di stress di cui si soffre, abituati come siamo a giustificare il nostro modo di vivere con motivazioni assolutamente ineccepibili, quali ambizione, perfezionismo, amore per il lavoro o per i propri interessi personali. Ma se per la maggior parte delle persone le tensioni sono nocive, vi sono anche individui capaci di gestire notevoli dosi di stress. Alcuni di questi, pur lasciandosi coinvolgere dal lavoro o da altre attività, rispondono positivamente a ogni sfida piuttosto che farsi schiacciare dagli eventi, sono in grado di riconoscere il loro stato di sovraeccitazione e di modificare il proprio atteggiamento mentale. Altri sanno rispettare l'indipendenza di ogni essere umano e di ogni organismo vivente, mantenendo l'equilibrio fra calma e movimento, ritmo e riposo, lavoro e attività fisica. Essi non separano il benessere fisico da quello psichico e grazie a questa loro visione riescono a vivere in armonia con se stessi e con tutto ciò che li circonda.

Per gestire lo stress è bene attenersi ad alcune regole importanti:

a) Imparare a vivere tranquilli e rilassati e lasciarsi passare dalle esperienze, diventando per così dire trasparenti, senza lasciarsi fuorviare da nulla.
b) Rendere meno stressante la vita lavorativa, instaurando rapporti personali più armonici.
c) Avere fiducia in se stessi, saper pianificare il proprio tempo con giuste pause di lavoro e di relax.
d) Modificare l'ambiente famigliare, in modo da renderlo il più possibile rilassante e tranquillo.
e) Equilibrare l'energia immagazzinata con quella consumata.

Prendere fiato

Vivere in modo frenetico e logorante, costituisce un segnale d'allarme che indica che abbiamo smesso di prestare attenzione alle nostre reali necessità: ciò significa anche che non ci amiamo più. Questo restringe le possibilità di crescita e la perdita di contatto con i nostri sentimenti, riducendo l'impulso a esprimerci come individui e limitando la capacità di diventare più felici e appagati. Il coraggio di rivedere opinioni, di esaminare e cambiare atteggiamenti, la nostra vita, il nostro lavoro e tutto ciò che ci circonda, cambia completamente il rapporto con lo stress. Riconoscere che abbiamo il diritto di commettere errori e rifiutare pressioni, insomma, di dire no, di esprimere bisogni, sentimenti ed emozioni e di trovare tempo per noi è essenziale per raggiungere se stessi e sopravvivere. Ma se apparteniamo a quella categoria di persone che non trovano mai tempo per se stesse, per imparare a concedersi una pausa e a creare uno spazio per sé occorre trovare un metodo: esercitarsi. La ricompensa sarà il possesso di sé e il recupero del controllo sulla propria esistenza.

L'autosuggestione

Sensazioni ed emozioni costituiscono la creazione e il contenuto del pensiero: quando le riconosciamo diciamo che il soggetto si è autosuggestionato. La volontà è una sensazione isolata o addirittura in contrapposizione con le altre. Più le sensazioni sono isolate e più, attraverso l'autosuggestione, riescono a prendere vita e a realizzarsi. Per ottenere ciò vi sono due tecniche:

a) L'autosuggestione cosciente, un metodo ideato da Emile Coué, secondo il quale si può rinforzare l'idea prescelta sino a che essa s'imponga sulle altre, ripetendola verbalmente più volte (es.: «sono calmo e tranquillo e nessuno mi può fare del male»).

b) Il mono-ideismo, ottenuto per mezzo della concentrazione cosciente: esso prevede l'isolamento di un'idea e l'eliminazione delle altre. Alcune persone dalla forte volontà, spesso praticano inconsciamente la concentrazione cosciente, la quale viene favorita dalle pratiche respiratorie.

Tecnica di autosuggestione

Metodo passivo. «L'autosuggestione» afferma Coué «è una forza dotata di una potenza inaudita e incalcolabile, che, secondo le circostanze, produce i migliori o i peggiori risultati.» Per attuarla è necessario inibire l'intervento della volontà poiché, egli afferma, questa facoltà cede sempre il passo all'immaginazione. Se si pensa «voglio che si produca questa o quest'altra cosa» e l'immaginazione dice: «anche se lo vuoi non sarà così», non solo non si raggiunge ciò che si vuole, ma si ottiene esattamente il contrario. Coué spiega la sua asserzione con un paragone. Se si pone a terra una tavola lunga dieci metri e larga venticinque centimetri, tutti saranno capaci di camminare sopra di essa, andando da un capo all'altro senza cadere. Ma se si porta questa stessa asse a un'altezza di dieci metri, nessuno, salvo chi vi è abituato, sarà capace d'avanzare di un solo metro, per quanti sforzi di volontà faccia. Nel primo caso l'immaginazione suggerisce che è facile andare sino in fondo, mentre nel secondo darà delle suggestioni di pericolo, creando ostacoli. Da queste osservazioni Coué ricavò una tecnica particolare, che applicò soprattutto al trattamento delle turbe psichiche, ma che può essere utilizzata per qualsiasi problema. Essa consiste nel ripetere con un linguaggio semplice e senza il minimo sforzo una frase allo scopo di migliorare un atteggiamento, un modo di essere, una qualità terrena o spirituale. Una formula classica è quella di ripetere varie volte a voce alta, la mattina o la sera prima di dormire, la seguente frase: «Ogni giorno, sotto tutti i punti di vista, vado sempre meglio». Questa semplice formula, ripetuta frequentemente con metodo e costanza, porta serenità e calma, evitando l'accumularsi delle tensioni.

Metodo attivo. Consiste nell'immaginare il personaggio che si desidera divenire e farlo vivere in se stessi. Occorre saper recitare e immedesimarsi in esso per acquisirne gli attributi richiesti, dimenticare le nostre imperfezioni e pensare unicamente alla nuova personalità esteriorizzandola con atti, intonazione della voce, espressione del viso, calma e padronanza dei gesti. Dice il Saggio: «Seminate un atto e raccoglierete un'abitudine. Seminate un'abitudine e raccoglierete un carattere. Seminate un carattere e raccoglierete un destino».

CAPITOLO IV

I CENTRI DI FORZA

Abbiamo già considerato come l'energia, densificandosi, produca nell'uomo sia a livello astrale che fisico dei vortici o centri (chakra) situati lungo il midollo spinale, i quali costituiscono la connessione fra il piano fisico, psichico e spirituale. Il polo inferiore (Muladhara) è ubicato alla base della spina dorsale, nella regione sacrale, dove Kundalini o energia cosmica viene polarizzata e sigillata nel corpo. Quando questa si risveglia, si dispiega lungo l'asse centrale o Sushumna, attivando energie che si riflettono sul piano psichico e fisico. Questa fusione trasforma tutte le energie, che sino ad allora si erano amalgamate nei chakra, in un'energia unica molto potente che assume il comando dell'intero sistema e crea una mutazione e una evoluzione. Questi centri di energia radiante captano vibrazioni cosmiche, trasmesse lungo Sushumna, e le distribuiscono a tutti i Nadi sotto forma di prana. Sono strutture multidimensionali caratterizzate da modelli energetici che differiscono l'uno dall'altro; ogni centro possiede un suo modello, sensibile alla respirazione e ai suoni. Quando essi ricevono un flusso armonico, il corpo è sano e vitale, altrimenti subentra la malattia. Ogni chakra opera tramite una propria controparte fisica e le energie coinvolte si incontrano nel terzo ventricolo del cervello, in cui il fluido cerebro-spinale è influenzato dall'elettromagnetismo della terra e dagli eventi solari e cosmici. Il sistema nervoso centrale, quello autonomo, il cervello e il midollo spinale corrispondono a Sushumna. I chakra principali distribuiti lungo la colonna vertebrale sono sette e corrispondono ad altrettanti «elementi»:

a) Alla sommità del capo (spirito).
b) In mezzo alla fronte (pensiero).
c) Nella gola (etere o prana).
d) Nel cuore (aria).
e) Nel plesso solare (fuoco).
f) Nella milza o plesso sacrale (acqua).
g) Nel coccige o plesso radicale (terra).

A ogni centro è associato un suono (un mantra o sillaba sacra) e un colore, che servono a risvegliarlo e armonizzarlo con le corrispondenti energie divine.

TABELLA DELLE CORRISPONDENZE

Chakra	*Corpo*	*Ghiandole*	*Significato*
Sahasrara	Cervello	Pituitaria	Anima
Ajna	Cervello	Pineale	Spirito
Vishuddha	Cervicale	Tiroide	Corpo
Anahata	Toracico	Timo	Aria
Manipura	Lombare	Pancreas	Fuoco
Svadhisthana	Sacrale	Surrenali	Acqua
Muladhara	Coccige	Gonadi	Terra

Come sentire l'energia dei chakra. Dopo esservi seduti comodamente con le braccia e le mani tese davanti a voi e i gomiti diritti, rivolgete un palmo verso il basso e l'altro verso l'alto. Poi aprite e chiudete i pugni rapidamente e il più a lungo possibile, quindi invertite la posizione delle mani e ripetete l'esercizio sino a che non sentirete le mani stanche. Ora ponete le palme aperte una di fronte all'altra, distanziandole lentamente: avrete la sensazione di avere tra esse una sfera invisibile e magnetica. Aumentando ancor più la distanza tra le mani, la sfera si allargherà ancora: ciò che percepite è l'energia dei chakra che si trovano nel centro delle palme, la stessa usata dai pranoterapeuti per curare.

CENTRO ALLA SOMMITÀ DEL CAPO

Simboli e corrispondenze

Nome sanscrito: *Sahasrara*
Localizzazione: *sopra la testa*
Significato: *mille foglie*
Elemento: *pensiero*
Manifestazione: *informazione*
Funzione: *comprensione*
Colore: *violetto*
Metallo: *oro*
Cibi: *digiuno*
Parti del corpo: *ghiandole pituitarie, corteccia cerebrale, sistema nervoso centrale.*
Malattie: *depressione, confusione mentale e incapacità di apprendere e di comprendere.*
Parole chiave per il risveglio: *pensiero, conoscenza, informazione, comprensione, meditazione, illuminazione, coscienza.*

Descrizione. Si trova alla sommità del capo; è la dimora di Shiva e l'aura che viene raffigurata nelle immagini dei santi. È conosciuto come «il loto dai mille petali» e rappresenta lo spirito; controlla i centri sottostanti donando l'eterna pace, l'eterna sapienza e l'eterna beatitudine. In questo centro Kundalini, salendo dal chakra basale, si incontra e si unisce al suo signore e con lui ascende alla sala del trono dalle sei porte per contemplare la Divinità. Da esso si irradia una luce divina di pura saggezza, che splende e si riversa sui centri sottostanti, nutrendoli e rivitalizzandoli.

Sviluppo. Per attivare questo centro non vi è migliore attività della meditazione, effettuata nella posizione del Loto.

Seguire il flusso dei pensieri. Sedetevi in una posizione comoda e consentite alla mente di diventare calma e quieta. Visualizzatevi sulla riva di un fiume impetuoso e considerate come il flusso d'acqua sia pieno di detriti. Portate ora l'attenzione ai pensieri che vi attraversano la mente, sceglietene uno e chiedetevi da dove provenga e quali pensieri lo hanno generato. Seguitelo sino alla fonte che non ha origine oggettiva, cercando di calmarlo e armonizzarlo con gli altri. Considerate poi un altro pensiero e ripetete la stessa sequenza fino a scaricarlo. Dopo aver ripetuto varie volte questa operazione, osservate i pensieri e lasciate che tornino alla loro fonte finché il loro flusso si esaurirà e si instaurerà il vuoto mentale. Rimanete immersi in questo stato quanto volete, acquisendo l'esperienza del non pensiero, e poi ritornate al normale stato di coscienza.

Viaggio nell'Akasha. Stendetevi e rilassatevi, lasciando che il corpo giaccia leggero sul pavimento, liberando i muscoli dalle tensioni. Concentratevi ora sul respiro e diventate consapevoli dei vostri pensieri, osservandoli mentre attraversano la mente: cercate quindi di trovare fra essi una domanda che avete sepolto dentro di voi. Quando l'avrete individuata chiaramente, immaginate che il vostro corpo diventi sempre più leggero e si sollevi nella nebbia, sino a incontrare una scala a chiocciola che conduce verso l'alto: mentre salite, a ogni gradino avrete la sensazione di avvicinarvi a ciò che volete conoscere. Alla fine della scala incontrerete un edificio con una grande porta: entrate e vedrete altre scale con molte porte che si aprono. Restando nell'ingresso urlate la vostra domanda e seguendo l'eco che ritorna, incominciate a camminare verso il punto dove il suono è più forte e più chiaro. Vi fermerete di fronte a una porta: apritela ed entrate in una stanza, dove dovete osservare l'arredamento e ogni particolare interessante. In una parete noterete uno scaffale pieno di libri: esaminatelo cercandone uno con il vostro nome. Prendetelo, ripetete nuovamente la vostra domanda e apritelo. Leggete il brano che appare ai vostri occhi e riflettete sul suo significato. Rimanete in questo luogo tutto il tempo che vi serve e quindi riponete il libro nello scaffale. Lasciate la stanza e uscite dall'edificio, scendete la scala fino a incontrare nuovamente la nebbia. Quindi riprendete contatto con il vostro corpo. Osservatelo giacere comodamente addormentato sul pavimento, prendetene possesso e, quando vi sentite, aprite gli occhi. Poiché il significato delle informazioni che si possono ricevere da questo esercizio non è sempre evidente, riflettete per qualche giorno prima di discuterlo.

CENTRO DELLA FRONTE

Simboli e corrispondenze

Nome sanscrito: *Ajna*
Localizzazione: *alla radice del naso*
Significato: *conoscere, percepire, comandare*
Elemento: *luce*
Forma essenziale: *immagine*
Funzione: *vista, intuizione*
Ghiandola: *pineale*
Colore: *indaco*
Parti del corpo e funzione: *gli occhi e il vedere.*
Malattie: *mal di capo, incubi, tensione agli occhi, vista debole.*
Parole chiave per il risveglio: *luce, colore, vista, visualizzazione, immaginazione e chiaroveggenza.*

Descrizione. Situato in mezzo alle sopracciglia, questo chakra controlla il sistema nervoso autonomo ed è il centro della coscienza individuale. Quando si risveglia, con l'energia che ne scaturisce si ottiene il comando della personalità. Corrisponde al plesso cavernoso e alla ghiandola pineale ed è chiamato «terzo occhio» perché permette la visione interiore o chiaroveggenza. Rappresenta il punto di contatto tra corpo e psiche ed è la porta stretta attraverso la quale essi interagiscono tra loro, emettendo impulsi che controllano l'inconscio. In questo centro Sushumna, Ida e Pingala si incontrano formando il sacro nodo, chiamato Trivemi. La concentrazione su questo centro sviluppa e attiva l'intuizione. È il centro della creatività, del mentale e dei messaggi da altre dimensioni. Il mantra o parola per il risveglio è OM (Aum) e il colore l'indaco.

Sviluppo. Per attivare questo chakra dobbiamo rilassare, rinforzare e ricaricare gli occhi attraverso esercizi e visualizzazioni. Questo esercizio è ottimo per gli stati di tensione, il miglioramento della vista e l'affaticamento. Seduti, nella posizione del Loto, con la spina dorsale diritta, chiudete gli occhi e concentrate l'attenzione alla radice del naso in mezzo alle sopracciglia e lasciatevi immergere dalla sua quiete. Quando vi sentirete pervasi dall'oscurità, aprite gli occhi e guardate diritto davanti a voi, alzando lo sguardo verso l'alto. Senza muovere la testa ruotate il più lentamente possibile le pupille, prima da destra a sinistra e viceversa più volte. Chiudete gli occhi e ritornate con l'attenzione all'oscurità, concentrandovi nuovamente nel centro delle sopracciglia e assorbendo la calma che da esso emana. Poi aprite gli occhi.

Ricaricare gli occhi. Sfregate tra loro le palme delle mani finché non diventano calde, quindi appoggiatele sulle palpebre a occhi chiusi e immergete gli occhi nell'oscurità. Mentre il calore si dissipa, sfregate lentamente le palpebre massaggiandovi la fronte e la faccia. Ripetete varie volte questo esercizio, che vi permetterà di rinforzare e rilassare gli occhi e di ottenere uno stato meditativo profondo.

Meditazione del colore. Questa visualizzazione purifica i centri e sviluppa la capacità della seconda vista. Sedetevi in una posizione comoda con la schiena diritta e visualizzate sopra la testa una sfera luminosa, dalla quale potrete estrarre i colori dell'iride. Immaginate ora che dalla sfera parta un raggio di colore rosso, che percorrendo la colonna vertebrale raggiunge il Muladhara, riempiendolo di colore rosso vibrante. Mantenete l'attenzione in questo centro, visualizzando il rosso che permea e pulisce tutto. Fate un profondo respiro e tornate alla sommità del capo, per prendere dalla sfera la luce arancione: fatela scorrere lungo tutto il corpo e fermatela nel centro della milza, trattenendo il colore in questa zona. Respirate di nuovo e tornate alla sfera, estraendo il colore giallo oro, che farete scendere nel plesso solare, immaginando un caldo bagliore dorato che esce dal vostro corpo da questo chakra, colmandolo e riscaldandolo. Tornate di nuovo alla sfera per portare un raggio verde fino al cuore, lasciandovi lavare da questa luce, che emana un senso d'amore e di affinità con il mondo circostante. Estraete dalla sfera l'azzurro, per farlo scendere sino al centro della gola, rilassando anche le braccia e le spalle: sentite i raggi azzurri che si estendono lentamente intorno alla gola, entrando in comunicazione con tutto ciò che vi circonda. Tornate alla sfera e portate la luce color indaco nel terzo occhio. Sentitene la freschezza e lasciate che cancelli tutte le immagini estranee che vi si trovano. Immergete infine il centro alla sommità del capo in una luce violetta, la luce dell'aura, che energizza ed equilibra tutti gli altri centri di forza. A questo punto portate l'attenzione all'interno del corpo, cercando di individuare i colori più deboli, quindi modificateli o sostituiteli con altri più forti e vitali. Solo quando tutti i centri saranno rafforzati e armonici, potete riprendere contatto con il vostro corpo e aprire gli occhi.

CENTRO DELLA GOLA

Simboli e corrispondenze

Nome sanscrito: *Vishuddha*
Localizzazione: *gola*
Significato: *purificazione*
Elemento: *suono*
Funzione: *comunicazione, creatività*
Ghiandole: *tiroide e paratiroide*
Colore: *azzurro*
Parti del corpo: *collo, spalle, braccia e mani.*
Malattie: *mal di gola, collo rigido, raffreddori, problemi alla tiroide e all'udito.*
Parole chiave per il risveglio: *vibrazione, comunicazione, mantra, creatività e telepatia.*

Descrizione. È situato dietro la gola e corrisponde al plesso faringeo. È associato alla tiroide e controlla le corde vocali. Tutti i mantra, le formule evocatorie e le preghiere dovrebbero passare attraverso questo centro che dona eloquenza ipnotica. Il suo mantra è Ham e il colore per il risveglio l'azzurro.

Sviluppo. Il collo è la parte più stretta del torso e agisce come filtro per il flusso di energia tra mente e fisico: ciò lo rende soggetto a tensioni e rigidità e quindi è essenziale rilassarlo per poter agire su di esso.

Rotazione del collo. Sedetevi in una posizione comoda e con la schiena diritta, quindi fate ruotare lentamente la testa con un movimento circolare sulle spalle. Fermatevi nei punti che vi sembrano tesi o disagevoli e massaggiateli con le dita. Mantenete la testa in posizione sino a sentirli più rilassati e quindi proseguite. Fate questa rotazione sia in senso orario che antiorario.

Sollevamento della testa. Sdraiatevi sulla schiena e rilassatevi. Sollevate lentamente la testa, cercando di mantenere le spalle sul pavimento, in modo da guardare le punte dei piedi. Mantenete il più a lungo possibile questa posizione, che ha la funzione di stimolare la tiroide e rafforzare il collo.

Posizione sulle spalle. Stendetevi sulla schiena e rilassatevi, respirando lentamente e profondamente. Durante l'espirazione sollevate lentamente le gambe verso l'alto in modo che formino un angolo retto con il corpo. Mantenete la posizione e inspirate. Durante l'espirazione continuate ad alzare le gambe e il torace, di modo che la schiena e le gambe formino una linea perpendicolare al terreno. Le braccia devono rimanere sul pavimento con le palme delle mani ferme e il mento premuto contro il petto. Inspirate e piegate le braccia al gomito portandole all'altezza delle reni, in modo che aiutino a sorreggere il corpo. Durante l'espirazione spingete le gambe in verticale raddrizzando la schiena, in modo che tutto il corpo risulti perpendicolare al pavimento. Per uscire da questa posizione dovete cercare di srotolarvi sul pavimento molto lentamente, rilasciando i muscoli della schiena e delle gambe.

Posizione dell'aratro. Prendete la posizione precedente e, senza piegare le gambe, abbassatele dietro la testa sino a toccare il pavimento. Per uscire, basta srotolare la schiena sul pavimento sino a tornare nella posizione iniziale.

CENTRO CARDIACO

Simboli e corrispondenze

Nome sanscrito: *Anahata*
Significato: *non colpito*
Localizzazione: *il cuore*
Elemento: *aria*
Funzione: *amore*
Ghiandole: *timo*
Colore: *verde*
Parti del corpo: *polmoni, cuore, braccia, mani.*
Malattie: *asma, alta pressione, malattie cardiovascolari e polmonari.*
Parole chiave per il risveglio: *amore, aria, respiro, equilibrio, rapporti, affinità, unità, guarigione.*

Descrizione. È situato all'altezza del cuore e viene considerato la sede dell'anima individuale e della personalità e anche il canale attraverso cui fluisce la coscienza suprema. Corrisponde al timo. È associato all'elemento aria e al tatto e controlla la respirazione. Il suo centro è il sistema nervoso centrale. Rilassando il petto sentirete che l'elettricità passa dal cuore a tutto il corpo, che pulserà e si ricaricherà di corrente magnetica. Il suo mantra è Yam e il colore per il risveglio è il verde.

Sviluppo. Per attivare questo chakra, fate innanzitutto l'esercizio del cobra: questa posizione va eseguita visualizzando un serpente che si erge lentamente, sino ad alzarsi verticalmente. Mettetevi sdraiati con la fronte contro il pavimento e piegate le braccia, appoggiando le palme contro il suolo all'altezza del torace e i piedi e le gambe unite. Espirate; mentre inspirate ergete la testa lentamente verso l'alto senza muovere il tronco. Facendo leva sulle mani, cercate di sollevare il tronco il più possibile, mantenendo le gambe e l'ombelico aderenti al suolo e la testa protesa all'indietro, con lo sguardo fisso verso l'alto. Trattenete il respiro e mantenete la posizione curvando bene la schiena. Poi, mentre inspirate, tornate lentamente alla posizione iniziale.

L'albero dei desideri. Stendetevi e rilassatevi, concentrando l'attenzione sul battito cardiaco: ascoltatene il ritmo e immaginate che le arterie e le vene sopra il cuore siano i rami di un albero, mentre quelle al di sotto le radici brulicanti di vita. Seguite l'ossigeno mentre viene pompato dal cuore, nel petto, nelle braccia, alle mani, nel ventre, nelle gambe, nei piedi e ritorna nuovamente al cuore per rigenerarsi. Il cuore è un albero sacro e i suoi rami sono i fili della vita che si estendono per tutto il corpo coinvolgendo l'universo. L'albero è l'uomo e da esso partono le radici e i rami le cui foglie sono i desideri del cuore. Immaginate che sull'albero vi sia uno stormo di uccelli e che ognuno porti un vostro desiderio nel cuore. Andate verso l'albero e prendete un uccello sulla vostra mano, tenetelo accanto al cuore e lasciate che gli comunichi i suoi desideri. Quando vi sentirete inondati dalla calma e dalla purezza dell'uccello, lasciatelo volare libero, dimenticando il vostro desiderio, e aprite gli occhi.

Meditazione sul Buddha. Mettetevi in una posizione comoda e respirate con calma rilassandovi. Visualizzate il centro del cuore con nel mezzo la figura del Buddha seduto. Concentratevi sul Buddha e lentamente ingranditelo sino a uscire dal centro e inondare la stanza, la strada, la città, la nazione e l'universo. Immergetevi in questa immagine di pace e captatene tutta l'armonia e l'amore che da essa emana. Inspirate ed espirate lentamente e fate rientrare l'immagine nella città, nella stanza, sopra di voi e quindi nel centro sino a racchiuderne tutta la sua potenza nel cuore, che sarà calmo e pieno d'amore. Quindi prendete contatto con il vostro corpo, con il respiro e aprite gli occhi.

CENTRO DEL PLESSO SOLARE

Simboli e corrispondenze

Nome sanscrito: *Manipura*
Localizzazione: *nell'ombelico*
Significato: *gemma rilucente*
Elemento: *fuoco*
Funzione: *volontà, potere*
Ghiandole: *pancreas, surrenali*
Colore: *giallo*
Parti del corpo: *apparato digerente e muscoli.*
Malattie: *problemi gastro-intestinali, gonfiori.*
Parole per il risveglio: *fuoco, potere, volontà, energia, trasformazione.*

Descrizione. È situato nella regione ombelicale ed è in rapporto con stomaco, fegato, pancreas e le funzioni digestive. È associato all'elemento fuoco e corrisponde al plesso solare. Chiamato «la città delle gemme» e «il loto della gioia», è associato a sentimenti ed emozioni. Patanjali nei suoi aforismi ha scritto che la concentrazione sull'ombelico dà la conoscenza del corpo intero. Questo centro ha il compito di registrare le sollecitazioni che arrivano dal macrocosmo ed è legato a poteri psichici o mentali che lo influenzano. Fisicamente gli sono associate la vista, che dipende dalla luce e dal fuoco, e l'assimilazione del cibo o combustione. Il suo mantra è Iam e il colore per il risveglio è il giallo.

Sviluppo. Il plesso solare è la sede di tutte le emozioni che vi si accumulano, da cui partono squilibri sia psicologici che fisici. È necessario quindi scaricare queste emozioni con esercizi appropriati.

Il taglialegna: con i piedi al suolo e i talloni staccati, sollevate le braccia al di sopra della testa con le mani unite. Arcuate leggermente la schiena e inspirate lentamente mantenendo la posizione. Durante l'espirazione emettete il suono «ah» e fate oscillare la parte superiore del corpo in avanti verso il basso, portando le mani in mezzo alle gambe. Il movimento deve essere rapido e continuo e dotato della maggior forza possibile. Ripetetelo da cinque a dieci volte, sentendo l'energia che irrompe nella parte superiore del corpo. Questo esercizio è ottimo per liberarsi dalla rabbia.

La camminata del potere: questo centro viene attivato da tutto quanto spinge l'energia a muoversi rapidamente per superare l'inerzia e diventare padroni della volontà. Una volta spezzati i blocchi e le tensioni di potere che ci fermano, non possiamo più ricadere in basso, ma ogni cosa intrapresa serve per l'evoluzione. Questo è un passo eccitante per la crescita della coscienza. In piedi con le braccia piegate ai gomiti e le mani strette a pugno all'altezza del petto, fate un'inspirazione, poi, durante l'espirazione, spingete un braccio fuori con forza, come se doveste allontanare un ostacolo. Ritornate alla posizione primaria e inspirate. Durante l'espirazione spingete l'altro braccio in avanti con forza. Continuate immaginando di togliere degli ostacoli dalle immediate vicinanze. Abbinate all'espirazione parole come «fuori» o «via» per sottolineare l'azione.

CENTRO SPLENICO

Simboli e corrispondenze

Nome sanscrito: *Svadhisthana*
Significato: *dolcezza*
Localizzazione: *ventre e genitali*
Funzione: *desiderio, piacere, sessualità*
Ghiandole: *ovaie, testicoli*
Elemento: *acqua*
Colore: *arancione*
Parti del corpo: *ventre, genitali, reni, vescica.*

Malattie: *impotenza, frigidità, problemi vescicali o renali e rigidità della schiena.*
Parole chiave per il risveglio: *mutamento, movimento, piacere, emozioni, sessualità, affetto e socializzazione.*

Descrizione. È situato alla radice del pene per l'uomo e nell'utero per la donna. Corrisponde al plesso epigastrico. Da questo centro, che ha la funzione di controllare gli impulsi sessuali e che molti raccomandano di non stimolare, ha origine il nervo sciatico. Corrisponde all'elemento acqua e alle ghiandole surrenali che secernono l'adrenalina nel sangue e hanno rapporto osmotico con il ricambio di sodio e potassio nel corpo. È il centro che stimola la natura animale istintiva dell'uomo, simbolizzata dall'acqua che fluisce verso il basso e la cui insufficienza porta all'aridità. Vi è associato il senso del gusto, reso possibile solo in presenza della saliva. Questo chakra incanala la vitalità e la forza che provengono dal sole e il suo controllo porta calma e serenità. Il mantra è Vam e il colore per il risveglio è l'arancione.

Sviluppo. Per attivare questo centro è necessario accrescere le attività che comportano la cura di se stessi, come bagni caldi, docce, nuoto o altre pratiche in relazione con l'acqua. E soprattutto amare se stessi, il primo passo per ricevere o dare amore agli altri.

Meditazione sull'acqua. Comodamente seduti, sorseggiate lentamente un grosso bicchiere d'acqua, un elemento che rappresenta la purificazione esterna e interna. Sentitela mentre scende all'interno, percepite la sua freschezza e la sua purezza, che tutto armonizza. Immaginate l'acqua mentre vi attraversa il corpo, passa nelle vene, rinfresca dall'interno i muscoli e pulisce e deterge tutto il corpo.

La rinascita. Si tratta di un lavaggio rituale, che deve essere completo e piacevole. Potete farlo sia sotto una doccia che in un lago, un fiume, o in una vasca calda. Immergendovi nell'acqua passate in rassegna tutte le parti del corpo, diventando una cosa sola con l'acqua. Visualizzate questo elemento che ha la facoltà di togliervi le negatività non desiderate. Potete anche gettare materialmente qualcosa nell'acqua che simbolizzi le negatività che vi abbandonano e si scaricano. Pensate alle cose di cui vorreste liberarvi, abitudini, tendenze, ferite o paure, e immaginate che escano da voi come un fiume per finire nel mare. Visualizzate una cascata che riversi l'acqua su di voi e con essa la sua benedizione. Lasciatela fluire nel vostro corpo, avvertendo con tutto il vostro essere che questo rito vi permette di rinascere, di incominciare una nuova vita. Cercate di rivivere la vostra nascita e immettete in essa valori positivi e armonici che vi ristabiliranno con l'universo. Visualizzate la Grande Madre che vi cura e vi protegge nel momento della nascita, accettate le sue cure e sentitevi circondati dal suo amore. Alzatevi e vestitevi con abiti nuovi o puliti, versatevi un bicchiere d'acqua e bevetelo in silenzio pensando alla natura ciclica dell'acqua e a come tutti gli uomini rientrino in questi cicli. Se vi è possibile, andate sulla riva di un fiume o su una spiaggia e meditate su questa grande distesa d'acqua che tutto immerge e che dà la vita.

CENTRO RADICALE

Simboli e corrispondenze

Nome sanscrito: *Muladhara*
Localizzazione: *perineo, base della spina dorsale*
Significato: *radice, sostegno*
Elemento: *terra*
Funzione: *sopravvivenza*
Stato interiore: *immobilità, fermezza, stabilità.*

Ghiandole: *surrenali*
Colore: *rosso*
Parti del corpo: *gambe, piedi, ossa, intestino crasso.*
Malattie: *obesità, emorroidi, stitichezza, sciatica, artrite.*
Parole chiave per il risveglio: *materia, sopravvivenza, corpo, cibo, inizio, unità e terra.*

Descrizione. Si trova nella cavità pelvica, tra il retto e gli organi sessuali, alla base della colonna vertebrale. Muladhara è sia il punto di contatto con la terra che quello di partenza delle tre vie o Nadi per accedere allo spirito. Questo centro governa, controlla e regola gli organi riproduttivi ed è associato all'elemento terra;. è in relazione con le energie che vibrano più lentamente e che riguardano il piano materiale. Le ghiandole interessate sono le gonadi, che rivestono un importante ruolo nella riproduzione. Il suo mantra è Lam e il colore per il risveglio è il rosso.

Sviluppo. Per prima cosa è necessario ottenere la percezione del corpo: seduti su una sedia con la schiena diritta e i piedi a terra fate un profondo respiro e sentite che il corpo, durante la respirazione, si espande e si contrae. Avvertite il pavimento contro cui poggiate, la sedia sotto di voi, il corpo e come la forza di gravità vi trascini verso il basso. Mentre considerate il peso del corpo, la sua conformazione, lo spazio occupato, le dimensioni, i liquidi, le ossa, gli organi, gli odori, i sapori e anche il rapporto con il vostro Io e con la Terra, scendete lungo la spina dorsale per entrare nel pavimento e quindi nella Terra, sino a raggiungerne il centro. Ora percepite il vostro essere come terra, sentite la sua e la vostra stabilità e tutti gli attributi a essa legati. Quindi alzatevi e fate oscillare il torace avanti e indietro e successivamente con un moto circolare, da destra a sinistra e viceversa. Dovrete sentire il corpo come una colonna in movimento che vi trascina verso il basso eliminando ogni tensione fisica. Alla fine sedetevi e rilassatevi, agganciandovi all'energia che dal chakra fluisce al centro della Terra e armonizzandovi con essa. Riprendete contatto con il corpo e con il respiro e aprite gli occhi.

La pulizia dei centri. Questo esercizio, di tipo dinamico-meditativo, porta armonia al piano fisico e a quello spirituale. Si basa sulla visualizzazione dei centri e delle energie che vi fluiscono.

a) Seduti in una posizione comoda e a occhi chiusi, inspirate ed espirate senza interrompere il ritmo.

b) Visualizzate voi stessi, posti in piedi di fronte a voi, con la spina dorsale illuminata e rivitalizzata.

c) Visualizzate ora il chakra posto alla sommità della testa come una sfera di luce bianca, con la quale dovete scendere nel terzo occhio: notate come essa lo purifichi completamente da tutte le impurità.

d) Successivamente fate scendere la sfera di luce in tutti gli altri centri e puliteli, sino a fermarvi nel centro sacrale.

e) A questo punto tornate alla sommità della testa, dove farete muovere la sfera luminosa verso sinistra, facendola poi scendere e circolare per tutto il corpo con un movimento orario, pensando che al suo passaggio tutto si rigenera, si rinforza e si rivitalizza.

f) Ritornando alla sommità del capo, fate scendere la sfera lungo il profilo del viso, sul petto e sino ai piedi, poi ritornate al punto di partenza attraverso la colonna vertebrale, con un movimento rotatorio continuo.

g) Quando la sfera sale verso l'alto, dovete inspirare, mentre quando scende verso il basso dovete espirare.

h) Quando avrete ultimato l'esercizio, prendete contatto con il corpo, il respiro e aprite gli occhi.

CAPITOLO V

L'ARTE DI RESPIRARE

La respirazione

Ogni uomo nasce e muore con un respiro e per tutta la vita, consciamente o inconsciamente, continua questo ritmo alternato di inspirazione ed espirazione. È possibile vivere a lungo senza nutrimento, ma è impossibile vivere senza respirare. Respirando, si immette nel fisico un'energia che, oltre a donarci la vita, ci permette di bruciare il nostro karma e di evolverci. La respirazione è indispensabile per ogni forma di vita animale, dall'ameba all'uomo, e inoltre ci insegna il ritmo e il tempo per essere felici. Dice il Saggio: « Adotta una dieta moderata e nutriente e impara a respirare. Ricorda che se il respiro è irregolare la mente vacilla, se è calmo acquista forza ed esperienza. Finché c'è respiro c'è tempo e vita, quando questo cessa finisce anche la possibilità di evolversi. Perciò regola il respiro e sappi armonizzarti con esso, perché è portatore di evoluzione ». L'atto di respirare viene praticato dalle sedici alle diciotto volte al minuto e tutti questi segnali provengono dal cervello tramite i nervi. La profondità e il ritmo della respirazione sono regolati dal sistema nervoso, che ci permette di svolgere la funzione automaticamente.

Tutti respiriamo, ma quanti lo fanno con attenzione, sfruttando a pieno la capacità dei propri polmoni? Spesso la posizione scorretta, il torace malformato o incavato, l'obesità, le alterazioni emotive, i disturbi polmonari, il fumo o l'uso irregolare dei muscoli respiratori, portano a una respirazione sbagliata, inferiore alle capacità individuali.

La respirazione si articola in tre stadi:

1. **Inspirazione:** è l'espansione attiva mediante la quale i polmoni si riempiono d'aria. Può essere alta o clavicolare, quando si riempie la parte alta dei polmoni; intercostale o media, quando si riempie la parte centrale; diaframmatica o bassa, quando si riempie la parte inferiore dei polmoni. Infine si può definire completa quando si effettua con una inalazione regolare e graduale, che partendo dall'addome giunge alla parte alta dei polmoni riempiendoli.
2. **Espirazione:** è il passivo ritirarsi della parete elastica del torace, mediante la quale si svuotano i polmoni.
3. **Ritenzione:** è una pausa tra un ciclo e un altro.

Il Pranayama

L'arte di respirare in Oriente viene chiamata Pranayama e si avvale di tecniche che permettono agli organi della respirazione di muoversi ed espandersi intenzionalmente, ritmicamente e intensivamente. Essa consiste in tre fasi: un lungo e protratto flusso sottile di inalazione, che stimola l'organismo; un flusso di esalazione che espelle l'aria viziata e le tossine; e infine una fase di ritenzione, che ha la funzione di distribuire l'energia in tutto il corpo. Questa disciplina aiuta la mente a concentrarsi e concorre con altre funzioni a ottenere buona salute e longevità. Conferisce equilibrio e forza di volontà e permette di diventare padroni di se stessi. L'apparato respiratorio è la porta che permette di purificare corpo e mente, ma anche i canali (Nadi) attraverso cui fluisce l'energia dai corpi sottili. In Oriente sia l'Hatha-yoga, che si occupa del corpo, sia il Raja-yoga, che si occupa della mente, comprendono tecniche respiratorie che contemplano il dominio del respiro e dell'energia vitale. Esse sono nate grazie a spiriti e menti evolute, dotati di grande osservazione dei fenomeni della Natura, da cui hanno saputo trarre alcuni principi generali in grado di modificare il nostro essere. Osservando le creature più longeve, come la tartaruga o gli elefanti, gli Yogi scoprirono che avevano un ritmo respiratorio più lento del normale e cercarono di adeguarvisi: essi intuirono che al rallentamento del respiro e della sua funzione vitale faceva seguito una riduzione del processo metabolico dell'organismo e dei consumi energetici, si rallentavano i processi di decadimento dei tessuti e degli organi e si manifestavano migliori capacità di salute, vigore e giovinezza. Formularono quindi tecniche respiratorie capaci di aumentare e favorire l'assimilazione di ossigeno nei tessuti. Alla fase d'inspirazione ed espirazione aggiunsero la ritenzione, in cui l'ossigeno viene assimilato più a fondo. I benefici ottenuti furono immediati e legati alla purificazione e nutrizione del sistema nervoso e del tessuto cerebrale. Questa pulizia nervosa e organica instaura nell'uomo una maggior lucidità mentale, rafforza la memoria e calma la mente. Gli esercizi respiratori sono formule di intervento attivo sul corpo: praticandole, possiamo riscontrare che nella materia attiva e organica esistono potenzialità capaci di esercitare un maggior controllo del sé. Mediante il respiro avviene uno scambio energetico e vitale con la sostanza vibrante dell'universo. Questa energia superfisica e condensata viene chiamata «prana» o energia vitale o anche soffio universale. La scienza ha messo in evidenza che, praticando il Pranayama, durante la ritenzione del respiro si attua una bipolarità delle correnti vitali e nervose, che sono simili allo Yin e Yang dell'antica medicina cinese. Questi elementi hanno contribuito a suscitare grande interesse verso queste tecniche, che trovano un'applicazione pratica in tutti i settori della vita, come nello sport e nelle terapie curative. Si può riassumere l'efficacia del Pranayama nei seguenti punti: una maggiore ossigenazione, quindi una adeguata nutrizione del sistema nervoso e dei tessuti organici, una maggior lucidità mentale e la liberazione dalla stanchezza e dal nervosismo; riequilibrio delle correnti positive e negative del corpo; massaggio muscolare interno del diaframma, con conseguente stimolazione e riequilibrio delle funzioni digestive e di assimilazione; stimolazione delle ghiandole endocrine; e infine rapidità e completa eliminazione delle scorie metaboliche.

Il prana o energia bioradiante

Il prana è un'energia sottile che pervade l'aria, il cibo, l'acqua, la luce e tutto ciò che ci circonda. Praticando il Pranayama, il corpo lo assorbe e lo accumula, captandolo dall'ambiente circostante. Il prana è il legame fra i corpi sottili e li riarmonizza rivitalizzandoli. Comprende due polarità che si possono definire:

Yin, che si esprime con una polarità bassa, interna, fredda, lunare, concentrata e negativa che si muove verso l'alto.

Yang, che si esprime con una polarità alta, esterna, calda, solare, espansiva e positiva che si muove verso il basso.

L'interazione fra queste due polarità è la base dell'esistenza e dell'equilibrio dell'uomo. Quando queste due polarità si uniscono si ha l'illuminazione e il risveglio di Kundalini che, salendo dalla spina dorsale e forando i centri di forza, si unisce alla luce. Con la respirazione il sistema nervoso si purifica, sino ad ampliare le sue proprietà e le sue capacità percettive. Quando si riesce a percepire il prana come energia vitale, è possibile immagazzinarlo, accumularlo e concentrarlo, dirigendolo là dove è carente.

Principi generali

Per eseguire una corretta respirazione è necessario portare l'attenzione sui polmoni, cercando di rendere il ritmo respiratorio più ampio e profondo possibile, senza compiere sforzi. Quando il ritmo si sarà calmato, vi accorgerete di essere meno tesi, meno stanchi e meno nervosi e le emozioni si armonizzeranno e si scaricheranno. Dice il Saggio: «L'aria deve essere inalata con cautela, trattenuta con gioia ed esalata con attenzione». Poiché la respirazione agisce sui blocchi energetici del corpo, è bene regolare l'alimentazione, controllare l'intestino e riportare l'equilibrio nell'organismo. Praticando Pranayama si potrà utilizzare il prana accumulato, indirizzandolo sul fisico per donargli la salute, sulla psiche per calmare le emozioni e sulla mente per amplificare i poteri mentali.

Lo spirito, attraverso la respirazione, viene liberato dai legami della terra e si avvicina maggiormente alla Luce. Gli esercizi seguenti vanno affrontati con calma e moderazione, attenendosi alle istruzioni riportate. Durante l'esecuzione la mente deve essere concentrata sui vari passaggi del prana quando entra nel corpo durante l'inalazione, mentre circola nel corpo durante la ritenzione e quando esce dal corpo come elemento tossico durante l'espirazione.

La preparazione

Prima di iniziare una seduta di respirazione, è necessario seguire alcune indicazioni igieniche:

a) Pulire accuratamente la bocca e il naso.
b) Liberare intestino e vescica.
c) Fare un bagno o una doccia.
d) Evitare cibi acidi, astringenti, piccanti, salati, senapati, amari, fritti.

e) Tenere le narici libere e pulite: a questo scopo, coricatevi per qualche minuto sul fianco destro se avete otturata la narice sinistra, sul fianco sinistro per liberare la destra.
f) L'abbigliamento, durante gli esercizi, deve essere molto comodo. Se è possibile si lavorerà nudi o in costume da bagno.
g) La respirazione deve avvenire riempiendo i polmoni il più possibile, ma senza sforzo.
h) La mente deve essere calma, ricettiva e concentrata sul prana che si sta assorbendo.

Tempi e ritmi

Gli esercizi seguenti prevedono: *a*) inspirazione lenta e regolare; *b*) ritenzione con i polmoni pieni d'aria; *c*) espirazione lenta e regolare; *d*) ritenzione con i polmoni vuoti.

Queste fasi devono essere scandite da un ritmo, che consiglio all'inizio «quadrato», ogni fase deve cioè mantenere lo stesso tempo: 4 / 4 / 4 / 4 . Per scandirlo, esercitatevi con un orologio, sincronizzatevi con il battito cardiaco o ripetete mentalmente il mantra Om.

TECNICHE DI RESPIRAZIONE

Respirazione di base

1. Sdraiatevi con le braccia piegate e le mani una sopra l'altra sul diaframma. Poi inspirate con il naso, lentamente e profondamente, riempiendo i polmoni.
2. Esercitate una leggera pressione con le mani sul diaframma, in modo da convogliare l'aria nel petto e trattenete il respiro.

3. Espirate lentamente, attraverso il naso, svuotando completamente i polmoni. Tirate indietro l'addome e rimanete in questa posizione.
4. Ripetete l'esercizio almeno sei volte.

Il respiro del fuoco

1. Sedetevi in una posizione comoda, inspirate ed espirate varie volte.
2. Inspirate lentamente e profondamente, attraverso il naso.
3. Espirate dal naso, il più velocemente possibile, senza ritenere l'aria che dovrebbe essere espulsa in un secondo.
4. Ripetete questo esercizio almeno sei volte.

Respirazione Yin e Yang

1. Seduti in una posizione comoda, con la schiena, il collo e la testa perfettamente allineati, appoggiate la mano sinistra sul ginocchio con il palmo rivolto verso l'alto.
2. Usando la mano destra, chiudete la narice destra con il pollice, appoggiate alla base del naso anulare, indice e medio e chiudete la narice sinistra con il mignolo.
3. Portate la mano destra in posizione ed effettuate un'inspirazione e una espirazione, quindi chiudete entrambe le narici con le dita.
4. Aprite la narice destra ed inspirate lentamente sino al riempimento dei polmoni. Poi chiudete la narice e trattenete l'aria.
5. Aprite ora la narice sinistra ed espirate lentamente, sino allo svuotamento dei polmoni.
6. Con le narici chiuse e i polmoni vuoti, trattenete il respiro.

7. Aprite la narice sinistra e inspirate sino al riempimento dei polmoni, poi chiudetela e trattenete l'aria.
8. Aprite la narice destra ed espirate lentamente sino allo svuotamento dei polmoni.

Ripetete questo esercizio sei volte, iniziando con un ritmo confacente alle vostre possibilità e passando successivamente al ritmo quadrato.

Respirazione della gola

1. Sedetevi in una posizione comoda, rivolti a nord, ed effettuate una respirazione completa senza ritenzioni.
2. Inspirate con il naso, cercando di contrarre la trachea. Aiutatevi pensando di pronunciare il suono «ing», che è basso, continuo e uniforme.
3. Quando i polmoni saranno pieni d'aria, espirate senza trattenere il respiro, pensando di pronunciare il suono «sa», per aiutarvi a rilassare gola, naso e bocca.
4. Ripetete l'esercizio sei volte.

Respirazione purificatrice

1. Sedetevi in una posizione comoda e inspirate.
2. Trattenete l'aria.
3. Disponete le labbra come per fischiare, senza gonfiare le gote, ed espirate con forza un po' d'aria. Trattenete l'aria rimasta, poi continuate l'espirazione, quindi fermatela, continuando questa sequenza sino allo svuotamento dei polmoni.
4. Trattenete il respiro con i polmoni vuoti.
5. Ripetete l'esercizio sei volte: esso vi sarà utile quando vi sentite stanchi o debilitati.

Respirazione rigeneratrice

1. Sedetevi in una posizione comoda e fate alcune respirazioni.
2. Inspirate, immaginando di immettere prana nel fisico per rivitalizzarlo.
3. Trattenete l'aria e inviatela con la mente nei chakra, visualizzandoli e rivitalizzandoli, partendo dal Muladhara.
4. Espirate completamente, poi trattenete il respiro, preparandovi mentalmente alla fase successiva.

Respirazione rivitalizzante

1. Sedetevi in una posizione comoda e rilassatevi. A occhi chiusi iniziate a inspirare ed espirare con un ritmo calmo, profondo e regolare.
2. Dopo aver portato l'attenzione in mezzo alla fronte, nel terzo occhio, cercate di percepire il prana che da questo punto fluisce a ogni inspirazione all'interno del corpo.
3. Mentre espirate, immaginate che dal vostro corpo escano le tossine, le tensioni e la fatica accumulate.
4. Concentrate la mente sui chakra e sul processo di inspirazione, che vi carica di prana, e su quello di espirazione, che svuota ogni energia.
5. Ripetete l'esercizio molte volte.

Benefici. La rivitalizzazione attraverso i chakra è una tecnica molto positiva per ricaricarsi. Essa apporta al fisico nuova energia che attiva centri e facoltà non ancora risvegliati. Permette un sonno migliore e dona calma e longevità.

Per seguire le tecniche di respirazione è necessario fare una premessa: la parola Mudra significa sigillo o serratura e denota la posizione per chiudere le aperture del corpo; Bandha significa congiungere, legare o afferrare e si riferisce a una posizione nella quale certi organi o parti del corpo vengono contratti e controllati. Quando attraverso la respirazione si fa affluire il prana nel fisico, è necessario che questa energia venga indirizzata nei punti giusti senza causare danni. Al fine di conseguire questo scopo, nel Pranayama vi sono tre tecniche, chiamate Jalandhara, Uddiyama e Mula Bandha.

Jalandhara Bandha. Jala significa rete. Si ottiene premendo lo sterno contro il mento. Prima di tutto, sedetevi in una posizione comoda, tenete la schiena eretta e sollevate lo sterno e la parte anteriore della gabbia toracica.

a) Piegate la testa in avanti, in modo che la punta e i lati delle mascelle posino armoniosamente nell'incavo tra le clavicole. Tenete il mento allineato con la parte mediana dello sterno, l'ombelico e il perineo.
b) In uno stato di passività, continuate a respirare regolarmente.

Effetti. Il plesso solare è al centro del tronco ed è la sede del fuoco della digestione, che brucia cibo e crea calore. Il plesso lunare invece si trova al centro del cervello e crea frescura. Con questo Bandha, grazie al blocco dei Nadi intorno al collo, l'energia fresca del plesso lunare non può fluire verso il basso e venir dissipata dall'energia calda del plesso solare. Come risultato si ottiene la liberazione dei passaggi nasali e il regolamento del flusso del sangue e del prana verso il cuore, la testa, la tiroide e la paratiroide.

Uddiyama Bandha. Uddiyama significa volare verso l'alto e indica una contrazione addominale, in cui il prana viene fatto fluire dal basso addome verso la testa.

a) Mettetevi in piedi eretti e allargate le gambe di una trentina di centimetri. Chinatevi leggermente in avanti con le ginocchia piegate, allargate le dita e afferrate con le mani la parte mediana delle cosce. Piegate leggermente le braccia ai gomiti e abbassate il mento fin dove vi è possibile.

b) Inalate profondamente ed esalate rapidamente, in modo che l'aria venga espulsa dai polmoni.

c) Trattenete il fiato e sollevate verso l'alto la regione addominale, portandola verso la spina dorsale.

d) Mantenendo la contrazione addominale, staccate le mani dalle cosce e appoggiatele più in alto.

e) Sempre trattenendo il respiro, raddrizzate la schiena senza allentare la contrazione addominale, quindi senza alzare il mento mantenete la contrazione più a lungo possibile.

f) Rilassate i muscoli addominali e lasciate ritornare l'addome nella posizione normale.

g) Dopo avere respirato normalmente per quattro o cinque volte, ripetete l'esercizio per sei volte consecutive.

Note importanti. Praticate questo Bandha una volta al giorno. Ricordate di non contrarre l'addome prima che il respiro sia stato espulso, non inalate sino a quando la contrazione non è stata allentata e gli organi addominali non sono tornati al loro stato di riposo.

Effetti. Tramite questa contrazione, il prana è costretto a salire verso l'alto attraverso Sushumna, il canale principale d'energia nervosa. Poiché chi la pratica con costanza vince il decadimento dei tessuti e l'invecchiamento, è chiamata «il leone che uccide l'elefante della morte». Deve essere praticata solo durante gli intervalli fra un'esalazione completa e una nuova inalazione. Attiva il diaframma e gli organi addominali, massaggia delicatamente i muscoli del cuore e li tonifica. Accresce il fuoco gastrico ed elimina le tossine dall'apparato digerente.

Mula Bandha. Mula significa radice, fonte, origine o causa. Si riferisce alla regione tra l'ano e i genitali. Contraete i muscoli di quest'area e dell'ano e sollevateli verticalmente verso l'ombelico. La pratica di contrarre i muscoli dello sfintere anale aiuta a eseguire tutte le altre contrazioni e obbliga il prana a invertire il suo corso naturale.

Esercizio sintetico. Questo esercizio è particolarmente adatto a tutti quelli che non hanno molto tempo da dedicare alla pratica.

1. Seduti in una posizione comoda e ben diritti, inspirate lentamente e uniformemente per una durata che servirà come unità di misura del ciclo respiratorio.
2. Eseguite una ritenzione con i polmoni pieni.
3. Espirate con un tempo uguale a quello dell'inspirazione.
4. Eseguite un'altra ritenzione, a polmoni vuoti.
5. Ripetete il ciclo per almeno sei volte.

Fase avanzata:

1. Chiudete gli occhi, portate l'attenzione sulla punta del naso, concentrandovi mentalmente e visualizzando un'immagine situata nel punto dove gli occhi convergono.
2. Ripiegate la lingua verso il fondo della gola.
3. Durante ogni ritenzione dovranno essere praticate delle contrazioni e successivi rilassamenti dei muscoli del corpo.

Benefici. La pratica di questo esercizio conduce alla percezione della luce interiore e all'inizio del risveglio delle facoltà latenti nell'uomo. Serve per provare lo sdoppiamento e l'indipendenza fra il corpo e l'anima: è una chiave per volare con l'anima. Questa combinazione di esercizi costituisce un fondamento per il nostro sviluppo e rappresenta il seme che, messo nella terra dell'esperienza interiore, metterà radici e darà frutti sia in questa che in altre dimensioni, armonizzandosi al terreno e alle condizioni in cui è stato seminato.

L'esercizio meraviglioso

Per comprendere l'essenza di questo esercizio occorre ricordare che la respirazione è un fenomeno ritmico dal punto di vista meccanico, ma continuo dal punto di vista degli scambi chimici e soprattutto della liberazione di energia nei tessuti. Di conseguenza, essendo l'energia quanto vi è di più prossimo allo spirito nel mondo della materia, l'essenziale di un soffio spirituale è un movimento continuo dello spirito o energia.

1. Sedetevi in una posizione comoda. Inspirate ed espirate ritmicamente diverse volte.
2. Durante l'inspirazione, immaginate che un flusso ascendente e continuo di energia parta dal perineo, tra l'ano e i genitali e, attraversando il corpo lungo la colonna vertebrale, esca dalla sommità del capo e irrompa nello spazio. Questo flusso continuo può essere costituito da scintille, fiamme, sfere, simboli o da qualsiasi immagine associata all'energia. Il movimento ascensionale rappresenta la respirazione spirituale.
3. Durante la ritenzione, continuate a immaginare il flusso ascendente, ancor più rapido e con maggior intensità che durante l'inspirazione.

4. Durante l'espirazione, il flusso ascendente continua ma con minor intensità.
5. Durante la ritenzione con i polmoni vuoti il flusso ascendente continua a diminuire di intensità.

Importante: con l'allenamento, dovrete riuscire a immaginare che l'energia, fuoriuscendo dalla sommità del capo, descriva nell'atmosfera un'orbita e ritorni poi al punto di partenza.

Benefici. Questo esercizio induce una metamorfosi profonda in chi lo pratica. Il suo flusso ininterrotto si adatta in modo congeniale alla struttura degli esseri viventi, tanto che continua automaticamente nel dormiveglia e immerge l'anima in uno stato di straordinaria felicità, permettendo una accelerazione dello spirito. Rappresenta la preparazione alle esperienze del volare con l'anima: la sua energia amplifica la potenza e l'attrazione verso esperienze e incontri in altre dimensioni, che permettono di accedere alla conoscenza spirituale. Sperimentandolo, si ottiene prima di tutto un piacere inspiegato e successivamente, insieme alla gioia della meditazione, vi sarà una evidente trasformazione del carattere, dell'intelligenza e delle esperienze psichiche. Vi sarà anche un miglioramento dello stato psichico generale e un accrescimento dell'amore verso tutto il creato: infatti, armonizzandosi con l'universo si entra in sintonia con il nostro Io più nascosto e segreto e con tutte le forme di vita presenti nella creazione. Questo amore infinitamente sottile si diffonderà in tutto il nostro essere, impregnandolo sino agli strati più profondi, più densi e anche più istintuali della nostra affettività e della nostra stessa esistenza. Il nostro essere verrà così affinato grazie all'amore e alla luce che si attivano con questi esercizi.

Conclusione. È importante eseguire alcuni di questi esercizi giornalmente, senza sforzarsi troppo. Con la pratica, scoprirete il vostro ritmo e saprete scegliere gli esercizi che vi portano benessere. Il Pranayama ha la funzione di ridare energia all'organismo: esso vi aiuterà ad affrontare la vita con più calma e a riarmonizzare le energie, risvegliando in voi poteri e possibilità fino a oggi sconosciuti. Dice il Saggio: «Non siate chiusi a ciò che il mondo vi porta, ma accoglietelo con gioia e amore. Il mondo vi porta l'illusione, ma è proprio attraverso questa esperienza che il saggio arriva alla verità. Riconoscete l'illusione, entrate in essa, vivetela e portate la verità agli altri: solo così otterrete la via e potrete dire di aver vissuto un attimo di verità». Questa è l'ottica con cui è stato scritto questo libro: proporvi un'esperienza, una verità, che voi dovete imparare a filtrare alla luce della vostra intuizione, in modo che nasca anche in voi la verità e la saggezza.

CAPITOLO VI

GLI STATI ALTERATI DI COSCIENZA

Il cervello

La nostra personalità, anche se liberata da tutte le personalità secondarie, è sempre doppia: infatti, come ci indica l'anatomia del corpo, siamo formati da due entità distinte, di cui una è dominante. Tra questi due esseri, che interagiscono uno sull'altro, si stabilisce un legame che spesso crea una conflittualità. Nell'uomo l'entità dominante corrisponde al cervello sinistro, quella subordinata al destro. Per l'incrocio dei tronchi nervosi, il cervello sinistro comanda la parte destra del corpo e quello destro la sinistra. Normalmente l'attività del cervello destro è al di fuori dalla coscienza e prende il sopravvento solo quando una lesione o una menomazione colpiscono il lobo sinistro. Questa è l'origine più comune delle malattie della personalità. Il cervello è composto da:

1. **Cervello sinistro o lobo temporale sinistro:** è la parte razionale e analitica dell'essere e il centro della parola. In esso vi sono immagazzinati i condizionamenti dell'infanzia. Pensa e ragiona razionalmente e analiticamente e ci permette di lavorare. Analizza le esperienze presenti confrontandole con quelle passate per categorizzarle.
2. **Cervello destro o lobo temporale destro:** è la sede delle funzioni immaginative e creative dell'essere

irrazionale, dona alla parola l'emotività. Pensa per ideogrammi, immagini e insiemi. Ci fa conoscere un sistema nella sua totalità. È la sede dell'irrazionale. Immagazzina, immagina e risponde alla novità e allo sconosciuto. È collegato al cervello limbico o emotivo che è coinvolto nel processo della memoria.

3. **Corpo calloso:** si trova fra il lobo temporale destro e quello sinistro e li separa. La sua funzione è selezionare le informazioni da un emisfero all'altro.

La società in cui viviamo ci porta a rompere l'equilibrio fra questi due emisferi, favorendo il cervello sinistro. In questo modo dimentichiamo che il destro ci porta nel cuore dello spirito, dell'irrazionale e dell'immaginario, che sono fonte di energia e di vita. Gli stati alterati di coscienza e gli esercizi a essi associati risvegliano queste potenzialità latenti in noi, localizzate fisicamente nel lobo destro, le quali ci permettono di vivere più armonicamente.

La coscienza

Ciò che chiamiamo coscienza si divide in:

1. **Subcosciente o inconscio:** è una riserva di informazioni, una banca della memoria che contiene tutte le esperienze di questa e di altre vite. Ha la facoltà di immagazzinare immediatamente e letteralmente tutto ciò che percepisce, registrandone anche la carica emotiva. Non ha facoltà di ragionamento ma crede letteralmente a ciò che immagazzina. Qui vengono registrati traumi, paure ed emozioni, che vengono riprodotti con le stesse cariche emozionali.

2. **Coscienza normale:** è ciò di cui ci serviamo tutti i giorni per entrare in contatto con il mondo circostante, attivare la memoria, lavorare. È una riserva

di informazioni che ci permette di affrontare la vita quotidiana.

3. **Coscienza superiore:** è la parte più elevata e sublime dell'essere che trascende i cinque sensi e anche la sede di facoltà psichiche insospettate. La preghiera e la meditazione aiutano a prendere coscienza di questa parte dell'essere, che è in contatto con una dimensione molto vasta, percepita come immutabile ed eterna.

I voli dell'anima

Secondo l'insegnamento orientale il corpo non è altro che una casa, un bozzolo, un abito che offre rifugio a una parte del nostro essere che percepiamo solo intuitivamente e che alla morte si libera per tornare nell'universo. Questa esperienza di separazione tra anima e corpo non si verifica unicamente con la morte, ma è possibile viverla anche mediante tecniche che inducono stati alterati di coscienza. La morte iniziatica descritta nei rituali esoterici è in realtà un viaggio dell'anima in altre dimensioni, definito dalla parapsicologia Oobe (*out of the body experiences*, o esperienze fuori dal corpo). Ciò che si stacca dal corpo fisico sembra essere un doppio energetico con il quale è possibile «recarsi» in ogni luogo e incontrare chi si desidera, riportandone il ricordo allo stato di veglia. L'intensità con la quale si vive questa esperienza e la sua riuscita non dipendono solamente dall'allenamento o dagli esercizi, ma anche e soprattutto dal grado individuale di evoluzione spirituale. Spesso le persone si affidano a un libro o a un istruttore aspettandosi «miracoli» e affrontando il mondo dello spirito con una mentalità consumistica, non adeguata a chi si avvicina alle dimensioni dell'anima. Molti vociferano: « Ho seguito un corso, ho acquistato un libro, ma non ho avuto risultati. Ho perso tempo e denaro e non ho ottenuto ciò che cercavo ». A simili atteggiamenti potremmo controbattere: « Puoi forse acquistare la simpatia, la fede o la felicità? No? E allora, come puoi pretendere di acquistare ciò che non è di questo mondo? Per riuscire devi provare e riprovare sino a che un giorno, quando meno te lo aspetti, tutto ti sembrerà più facile ». Non si possono vivere queste esperienze a comando, perché coinvolgono la globalità dell'uomo, e gli esercizi non possono creare ciò che non c'è, ma solo attivare le potenzialità latenti. Quando ci si reca a un seminario ci si dimentica che i grandi iniziati, gli stregoni, gli sciamani prima di intraprendere un'azione importante si preparano con il digiuno, la preghiera, l'astinenza e la meditazione. Ma noi, in quest'epoca, non sappiamo più rinunciare, pensiamo di poter comprare tutto, proprio come Faust, anche l'anima.

Inoltre è necessario impadronirsi delle chiavi usate in magia e in ogni sapere esoterico, e cioè sapere, volere, tacere e osare. Dato che per la mente nulla è impossibile e tramite essa si può accedere a ogni esperienza, ogni dimensione, si devono rimuovere anche paure e timori, perché durante i viaggi astrali nulla ci può nuocere e possiamo ritornare sempre nel nostro corpo, come nel sonno, per riprendere l'esperienza terrena. Una volta raggiunto lo stato di sdoppiamento, ci si può dirigere con la volontà dove si vuole e vedere il piano materiale come si percepisce da svegli o avventurarsi nella nebbia del piano astrale, dove si incontrano le creature dell'invisibile. Usciti dal corpo lasciatevi galleggiare nella stanza, come se foste una bolla di sapone: il fisico non deve fare altro che respirare, mentre il doppio esplora il luogo dove si trova. Col tempo potrete cercare di entrare in contatto con l'Akasha, il serbatoio di memoria cosmica (che corrisponde per Jung all'inconscio collettivo), che racchiude sotto forma di vibrazioni la somma delle conoscenze umane. Secondo la credenza induista, coloro che possono sintonizzarsi con la lunghezza d'onda dell'Akasha potranno vedere e sentire avvenimenti storici passati e futuri e scopriranno come i libri di storia siano falsati. Chi ha saputo fare ciò è rimasto nella storia, come Michel de Notredame (1503-1566), meglio conosciuto come Nostradamus, medico, astronomo, astrologo e veggente, che predisse la storia dell'umanità. Leggendo le sue *Centurie*, si può verificare come seppe predire moltissimi avvenimenti — come lo sbarco sulla luna —assolutamente sconosciuti nella realtà in cui viveva. Un altro grande veggente che riuscì a entrare in contatto con questo serbatoio cosmico fu Edgar Cayce (1877-1945), che in stato di trance ipnotica leggeva lo stato di salute delle persone, fornendo anche incredibili cure con le quali salvava la vita del paziente. Sono questi solo due esempi di uomini che hanno saputo volare con l'anima con amore e fede e hanno ottenuto risultati ancora oggi inspiegabili per la scienza.

Non tutti riusciranno a ottenere questi risultati: tuttavia iniziare significa percorrere una strada e aprire la porta della coscienza e dell'anima al macrocosmo. «Non importa dove o con chi, ciò che importa è quando» dice il Maestro: dove o con chi dipende da voi, il quando è scritto nell'universo e nella vostra evoluzione.

La bilocazione

Bilocazione deriva dal latino *bis* e *locatio* e indica la presenza simultanea della stessa persona in due luoghi diversi. Questo fenomeno è caratterizzato dalla perdita dello stato di veglia, dal trasferimento di coscienza e dallo sdoppiamento. Può essere sia spontaneo che indotto, e può prodursi:

a) Durante il sonno profondo e il rilassamento.
b) In un momento di sofferenza psicofisica.

c) Con sostanze allucinogene.
d) Provocato volontariamente.

Viene classificato in:

1. **Bilocazione,** quando il soggetto, dopo essersi separato dal corpo, agisce e occupa uno spazio in un altro luogo, è visibile ad altri e agisce sulla materia.

2. **Sdoppiamento,** quando il soggetto, solitamente durante il sonno, si separa dal corpo fisico, che osserva da un punto situato nello spazio.

3. **Volare con l'anima,** aggiungo io, quando il soggetto, lasciando volontariamente il corpo, può andare in ogni luogo.

Questo fenomeno è di tipo misto e racchiude in sé varie fenomenologie immaginative e psico-spirituali.

Durante il fenomeno, i soggetti si percepiscono in modi differenti:

a) **Pensano di trovarsi in un altro corpo.** In questi casi, chiamati parasomatici, il doppio non presenta difetti che possono invece riscontrarsi sul corpo fisico.
b) **Non associano la propria identità a nulla.** Questi casi sono chiamati asomatici e il soggetto afferma di essere in una coscienza disincarnata.
c) **Si vedono seguiti da una guida spirituale.** I soggetti hanno la sensazione di essere guidati e uniti a una entità spirituale che li segue, insegnando loro come muoversi in questa dimensione.

Dal punto di vista emozionale lo stato bilocativo è caratterizzato da un senso di benessere, di calma e di completezza. Quasi sempre chi lo sperimenta vede il proprio corpo come se non gli appartenesse e dall'alto, da un punto imprecisato del soffitto, osservando ciò che succede da questa posizione.

Un interrogativo che si pone di frequente di fronte a queste esperienze è: « Dove si va quando si esce dal corpo? Quali stati di coscienza, quali dimensioni si incontrano? ». R. A. Monroe classifica nel suo libro *I miei viaggi fuori dal corpo* vari piani o dimensioni in cui è possibile vivere questa esperienza.

1. **Il piano materiale:** riguarda persone e luoghi che esistono realmente. In questa dimensione il doppio non vive fenomeni sconosciuti, dato che si trova, se pur invisibile, nel mondo in cui vive quotidianamente.

2. **Il piano astrale:** è un ambiente immateriale dove le leggi del movimento e dello spazio non sono collegate a quelle del mondo fisico. È un'immensità dai confini sconosciuti, con profondità e dimensioni difficilmente comprensibili per la nostra mente. È abitato da entità fornite di vari gradi di intelligenza, con cui è possibile dialogare. Il tempo, come viene concepito nel mondo fisico, non esiste: vi è invece una successione di eventi con un passato e un futuro senza una suddivisione ciclica. Tutto esiste contemporaneamente, in un infinito presente. Qui il pensiero è la fonte perenne dell'esistenza e quindi l'origine e la causa di ogni azione, situazione, posizione, movimento e comunicazione. Questo luogo, in cui è possibile muoversi con la velocità della luce, è la sede dei trapassati che, appena vi giungono, ricreano le condizioni terrene e danno corpo ai desideri che sulla terra non hanno potuto esaudire. Come diverse frequenze d'onda possono occupare lo stesso spazio simultaneamente con un minimo di interazione, così le dimensioni dell'invisibile possono essere intimamente connesse al mondo materiale. Su questo piano non esistono stati di condizionamento o inibi-

zioni che possano nascondere l'Io più intimo agli altri: quindi l'onestà e la sincerità sono fattori determinanti. L'emotività pura, quella che sulla terra viene repressa, in questa dimensione viene liberata in tutta la sua forza.

3. **Il piano spirituale:** è un mondo di antimateria, quasi identico al nostro. L'ambiente naturale è lo stesso, ci sono alberi, case, città, gente, costruzioni e tutti gli elementi propri di una civiltà. Viaggiando in questa dimensione molti viaggiatori astrali hanno incontrato esseri simili a un loro doppio, che si muovono, parlano e vivono autonomamente, con una propria identità ed esperienza.

I corpi sottili e l'Occidente

Tracce di credenze del corpo astrale o stellare si ritrovano fin nell'antica Grecia, negli scritti di Platone, Aristotele e Porfirio. L'esperienza dell'Oobe presuppone in effetti l'esistenza di un doppio o corpo sottile che possa lasciare consciamente o inconsciamente il fisico, legato alla trinità dell'uomo, corpo, anima e spirito. Gli Egizi conoscevano questa tripartizione e parlavano di corpo fisico o Kat, doppio astrale o Ka e anima o nucleo immortale o Bah. Sui sarcofaghi dipinsero esseri alati dalla testa umana, che tenevano tra gli artigli una croce ansata o una piuma. La testa umana rappresentava la possibilità di vivere un'esperienza fuori dal corpo e la consapevolezza personale del ritorno, l'uccello la capacità di volare con l'anima, la croce ansata, simbolo della vita, era invece ciò che non si distrugge e le piume il simbolo della verità, ciò che questa esperienza può dare. Nel Rinascimento, rifacendosi agli insegnamenti greci, si proclamava che «due nature così diverse come il corpo e l'anima non possono coesistere in armoniosa associazione senza l'ausilio di qualche elemento associatore». Secondo questa teoria, l'anima era contenuta in un involucro luminoso o veicolo, che si frapponeva fra corpo fisico e anima, fatto di materia stellare e particolarmente sensibile alle influenze astrologiche. Il corpo materiale e quello astrale sono collegati e compenetrati uno nell'altro. Uno sfasamento si verifica solo durante condizioni di rilassamento o incoscienza, oppure durante il sonno. La proiezione consapevole la si verifica solo simulando tali condizioni.

... e l'Oriente

Antichi testi Taoisti ci parlano dell'energia radiante o luce dell'universo, concentrata nel corpo fisico sotto forma di essenza spirituale, che può essere attivata con esercizi appropriati di meditazione e respirazione. Questa energia può lasciare il corpo attraverso la testa e vagare o volare in ogni luogo. La filosofia indù postula un'anatomia occulta e i Tibetani affermano che ogni cosa possiede un doppio o realtà in ombra, che esiste in una dimensione che si compenetra in noi stessi ed è invisibile: essa lascia il corpo durante il sonno, la meditazione o stati particolari.

C'è vita oltre la vita

La morte è un viaggio, un cambio di dimensione che permette di liberarsi dagli involucri più grossolani per diventare luce. Gli uomini di ogni tempo hanno cercato di penetrare e scoprire i suoi misteri, ma non sempre ci sono riusciti: questo li ha spinti a porsi domande sulla vita dopo la morte, la reincarnazione, la possibilità di comunicazione tra i vivi e i morti. Rispondere a queste domande è difficile, perché non solo richiedono una conoscenza che in questo settore non può essere di tipo scientifico, ma coinvolgono il modo di vivere, agire e credere. Tutto ciò che conosciamo in questo settore ci viene dalla religione o dalla filosofia: l'umanità ha fatto passi giganteschi, ma non per quanto riguarda la sopravvivenza. In genere si è portati a credere che la Chiesa detenga ogni prova che la vita, combinazione fra coscienza e individualità, continui dopo la morte. Se l'indagine in questo settore è stata per secoli oscurata da dubbi, paure, superstizioni, dogmi o altro, è perché i suoi risultati sono contrari alle teorie della Chiesa. Spesso, nell'ambito di questa istituzione, si nega il campo psichico della ricerca perché si teme che la comprensione delle leggi che regolano la natura potrebbe portare alla sua distruzione. Anche la scienza è colpevole per lo stesso motivo, perché, come affermò il parapsicologo Laurence Le Shan essa «è caduta frequentemente nella trappola di decidere in anticipo che certe cose sono impossibili». La dimensione psichica è ancora ignota e indefinita: ne sono stati esplorati solo i confini ma il resto, materiale prezioso per capire non solo la morte ma soprattutto il senso della vita, rimane sconosciuto. I ricercatori cominciano ora ad aprire la porta alla verità, ad abbattere le barriere che hanno resistito per secoli a causa di dogmi ritenuti infallibili. Per molti secoli gli uomini hanno creduto, seguendo l'insegnamento della Chiesa, che il Sole girasse intorno alla Terra. Quando Copernico dimostrò, andando contro la Bibbia, il movimento della Terra e delle stelle, fu costretto all'esilio e all'isolamento e i cristiani furono diffidati dal seguire le sue teorie. Giordano Bruno depose l'abito domenicano per essere libero di pensare e leggere ciò che voleva e per questo fu considerato eretico e bruciato vivo. Molti altri ricercatori vennero colpiti dalla scure dell'Inquisizione, perché cercavano la verità anche quando questa andava contro gli insegnamenti religiosi.

La tradizione occidentale

Dopo gli studi e le ricerche di Moody, descritte nel suo libro *La vita oltre la vita*, si è aperta per l'umanità l'era del superamento della paura e della possibile codificazione degli stadi *post mortem*, molto simili agli stati alterati di coscienza. I ricercatori hanno codificato i metodi con cui è possibile addentrarsi nei misteri della vita dopo la morte e hanno postulato le esperienze con le quali poter prendere contatto con altre dimensioni. Secondo queste ricerche vi sono diverse tappe prima di abbandonare definitivamente il mondo materiale per entrare nelle dimensioni astrali, attraverso le quali si modifica la coscienza e ci si prepara a nuove forme di vita. Questi momenti si sintetizzano in:

1. Incomunicabilità.
2. Ascolto del verdetto.
3. Sensazione di calma e di pace.
4. Ascolto di un rumore o vibrazione celeste.
5. Traversata di una galleria scura.
6. Proiezione extracorporea.
7. L'incontro con esseri disincarnati.
8. L'incontro con un essere di luce.
9. Il bilancio della vita.
10. L'arrivo alla frontiera.
11. La domanda «Sei pronto a morire?».
12. Il ritorno, per chi deve, o la morte vera.

Morire è rinascere e trasformarsi è morire ogni istante: ecco perché anche dalla morte si possono trarre insegnamenti che ci spingono a modificarci e a vivere in un altro modo.

La tradizione orientale

Nella tradizione orientale la morte provoca un'attività del corpo eterico. Quando l'anima pronuncia la parola del ritiro, la sostanza eterica nella quale è immerso l'organismo si dissolve e il morente sente una pressione fisica, come se una massa di terra stesse affondando nell'acqua (che corrisponde al ritirarsi della vita, che passa dal piano fisico o terra all'astrale o acqua). La coscienza si ritira quindi dal piano astrale provocando un senso di freddo, come se una massa d'acqua stesse dissolvendosi nell'aria. Questo momento è la morte vera: se il soggetto decide di morire, sente un freddo intenso e una sensazione di esplosione e di disgregazione e la sua coscienza mentale o aria si identifica con la coscienza del fuoco o anima. Pronunciando la parola di morte e vivendo i passaggi descritti, l'anima entra nell'universo ed esce dal tempo e dallo spazio. Il libro tibetano dei Morti, che non è solo una guida per i morti ma per chi vuole superare la morte come processo liberatorio, insegna che durante il passaggio da questi stadi si ottiene la liberazione dalle illusioni della coscienza, che oscilla continuamente fra nascita e morte, essere e non essere, speranza e dubbio, senza ottenere la calma e la pace necessarie per evolversi e incontrare la morte con serenità.

La reincarnazione

Quando ero bambino, l'idea del paradiso mi intimoriva, perché pensavo quanto sarebbe stato noioso e statico vivere sempre e comunque in un ambiente felice. Lo immaginavo come quegli spot televisivi dove si deve per forza essere allegri. Mi chiedevo: perché se un uomo, in questa vita sbaglia, non gli è possibile rimediare in un'altra vita? Se veramente Dio è amore e speranza, perché non concede all'uomo di riparare ai suoi errori? Con il passare degli anni cominciai a credere alla reincarnazione, anche se per la nostra religione la vita è una e non è concesso tornare per riparare agli errori commessi. Sì, io credo alla reincarnazione, come credo che sia impossibile averne la prova scientifica: tuttavia milioni di persone nel mondo credono a questa dottrina basata sulla legge del karma. All'inizio degli anni Settanta Jess Steam scrisse un libro dal titolo *Edgar Cayce: il profeta dormiente*, che sollevò molto interesse e critiche per il suo contenuto. Cayce era un uomo ignorante del Kentucky, che aveva aiutato molti a risolvere problemi medici ritenuti irrisolvibili dalla medicina. Un giorno, mentre stava analizzando in trance un paziente disse: «Un tempo ero un monaco». Quando riesaminò la seduta, Cayce rimase scioccato e sorpreso da questa sua affermazione, anche perché non credeva alla reincarnazione. Cominciò una ricerca, protratta per circa quaranta anni, analizzando tutte le informazioni che pervenivano dalla sua trance e che riguardavano le sue vite passate. Voleva conoscere le dinamiche della reincarnazione, se veramente esisteva, perché non veniva citata nella Bibbia, che conosceva quasi a memoria. I suoi studi lo convinsero che la vita attuale è modellata da situazioni che si sono verificate in una esistenza precedente e che ciascuna esistenza ci è data per migliorare lo stato di evoluzione. Dalle ricerche di Cayce emergono alcune considerazioni interessanti:

a) Il tempo è un'illusione. Tutti credono che il passato sia ciò che è già avvenuto, il presente ciò che sta avvenendo e il futuro ciò che avverrà. In effetti il futuro già esiste, sia nel passato che nel presente, perché gli eventi già accaduti e quelli in svolgimento collaborano per la creazione del futuro.

b) Per l'anima non è possibile sottrarsi alla ruota delle rinascite, in quanto il cammino verso la perfezione può essere completato solo se vengono vissute tutte le esperienze possibili all'anima.

c) Le anime scelgono volontariamente i loro futuri genitori e le esperienze fondamentali, in modo da creare le caratteristiche adatte per attuare il karma prescelto.

d) Si nasce maschi e femmine, ricchi e poveri, sani e malati, sino a quando si esauriscono tutti gli aspetti della vita terrena.
e) Ogni individuo è il prodotto di molte esperienze accumulate durante le esistenze precedenti e solo al termine di questo cammino potremo considerarci persone complete.
f) La reincarnazione non rappresenta un fenomeno necessario per tutte le anime, ma per la grande maggioranza. Per avere prova di ciò dobbiamo andare nella storia e capiremo che esistono anime che si sono reincarnate in più occasioni.
g) Siamo tutti parte dello stesso spirito, della stessa forza ed energia e quindi nulla si può distruggere della vita ma solo evolvere con l'esperienza.
h) Quando moriamo possiamo perdere la nostra immagine, nel senso che gli altri non possono più vedere il nostro corpo, ma abbiamo sempre la possibilità di ricreare un corpo e una forma a nostro piacimento.

I sogni

I sogni sono un elemento importante per i viaggi astrali, perché agiscono come legame connettivo tra il tempo interiore e quello esteriore, creando delle linee di comunicazione fra lo spirito e la mente conscia. Funzionano entro gli schemi degli archetipi, quindi chi è esperto nell'interpretazione di tale simbologia potrà capire ciò che lo spirito cerca di comunicare a colui che sogna. Il sonno è necessario non solo per rinnovare la vitalità fisica, ma anche quella del corpo astrale: quando si dorme il corpo astrale e lo spirito si staccano dal corpo fisico per avventurarsi in altre dimensioni e al risveglio questi viaggi vengono cancellati, distorti o deformati, perché filtrati dal cervello che ce li restituisce sotto forma di avventura onirica. La nostra cultura ha a lungo ignorato il sogno credendo che nel sonno si perda ogni contatto con il mondo reale, per ricaricarsi e poter riprendere coscienza al risveglio. Nelle sette od otto ore di sonno in cui l'ego è a riposo, il subconscio può rivelare messaggi che nel frastuono della nostra attività lavorativa ci sfuggono ma che sono importanti per l'equilibrio psichico. Ogni uomo durante la notte sogna, perché così scarica le tensioni della giornata e porta a livello cosciente problemi o tensioni racchiuse nel subconscio; ma non tutti al risveglio ricordano i sogni, perché vi sono dei meccanismi che ce li fanno dimenticare. Dal momento che tutti sognano, che cosa si può fare per ricordare questi messaggi di crescita psichico-spirituale? Vi sono alcuni accorgimenti da attuare: il più semplice è quello di mettere sul comodino la sera un blocco e una matita e al risveglio annotare tutto ciò che si ricorda, avvenimenti e sensazioni. È indispensabile capire che ogni simbolo e ogni messaggio è per noi e solo noi possiamo decodificarlo e interpretarlo per coglierne l'insegnamento. Prima di dormire è consigliabile una preghiera, che libera la mente dalle negatività e ci predispone a sognare in modo costruttivo. Il Dio che è in noi sa che cosa succede nel mondo e nel tempo e il Sé può entrare in sintonia con l'inconscio universale, darci notizie di persone lontane e consigliarci sul futuro. Questa energia si attiva attraverso la meditazione o il sogno e ci aiuta a capire il senso della vita.

Tipi di sogni

I sogni si possono classificare in:

1. **Sogni digestivi:** si presentano da una a cinque ore dopo aver mangiato e riflettono il tentativo del corpo di assimilare il cibo.

2. **Sogni fisici:** sono generati dalle preoccupazioni, dalle paure e dalle tensioni accumulate nelle ore coscienti. Sono un miscuglio di eventi e non sono affidabili e in genere provengono da malesseri o negatività che non siamo riusciti a eliminare. Spesso anche gli incubi rientrano in questa categoria.

3. **Sogni psichici:** si ricordano più facilmente perché ricchi di immagini spesso in tre dimensioni e a colori. In genere ci mettono in guardia su eventi futuri o ci assistono nella vita quotidiana. Qui ogni persona o cosa che si sogna è una parte dell'individuo stesso che parla o insegna qualcosa al suo subconscio.

4. **Sogni spirituali:** sono quelli in cui un saggio o una guida dà delle informazioni; oppure si è coinvolti in una situazione di apprendimento con gruppi di altre persone. Se un parente o un amico vi appare in sogno con delle informazioni, prestategli molta attenzione perché vi sta dicendo qualcosa sul futuro. Se una figura di luce vi appare e vi dà informazioni, cercate di ricordarvene perché è un messaggio per il vostro bene.

Sogni lucidi

Dopo aver classificato i sogni ed esserceli ricordati, potremo proseguire cercando di provocarli e guidarli, secondo quella metodica chiamata sogno lucido. Quando l'anima è pronta, si avventura in altre dimensioni, mantenendo la coscienza e provocando un sogno lucido o Oobe con la volontà. Secondo la dottoressa Celia Green, direttore dell'Istituto di Ricerche Psicofisiche di Oxford, non vi è differenza tra un sogno lucido e un'esperienza di Oobe. Nel sogno lucido è mantenuta la consapevolezza, il giudizio e la capacità di muoversi all'interno con volontà; e lo stato bilocativo inizia quando il soggetto si è già addormentato. Nell'Oobe tale stato inizia quando il soggetto è sveglio e la percezione del mondo esterno è uguale a quella della veglia, ma con visioni più nitide. Nel sogno la realtà può apparire deformata, mentre nell'Oobe il soggetto può percepire la mancanza del corpo fisico e vedersi come osservatore disincarnato. Al risveglio dal sonno, Tchuang-Tzu si chiede: «Sono io che ho sognato di essere una farfalla o sono una farfalla che ha sognato di essere Tchuang-Tzu?». Questo atteggiamento si chiama «sogno prelucido o facoltà critica». La lucidità in un sogno si ottiene quando si acquisisce la consapevolezza di sognare, che può essere attivata da vari fattori come la paura, l'incubo o una situazione irreale. Come si può trasformare un sogno lucido in esperienza bilocativa? Don Juan, lo stregone yaqui che porta all'iniziazione Castaneda, gli insegna a sviluppare il sognare, cioè a controllare i sogni. Castaneda, nel suo libro *Viaggio a Ixtlan* ci racconta questo momento: «Ti insegnerò come sviluppare il sognare», dice Don Juan a Castaneda. «Devi cominciare con qualcosa di molto semplice. Stanotte, nei tuoi sogni devi cominciare a guardarti le mani. Naturalmente puoi guardare tutto quello che diavolo ti pare: le dita dei piedi, o la pancia, o il naso. Ti ho detto di guardarti le mani perché è stata per me la cosa più facile da guardare. Non pensare che sia uno scherzo. Sognare è serio quanto vedere o morire o qualsiasi altra cosa di questo mondo impotente e misterioso.» «Ogni volta che guardi una cosa nei tuoi sogni, questa cambia forma. Il trucco dell'imparare a sognare consiste ovviamente non solo nel guardare le cose, ma nel continuare a guardare. Quindi non c'è differenza tra ciò che fai quando dormi e quando non dormi.»

I sogni sono messaggi, momenti o esperienze che, se decodificati, ci servono per capire la direzione nella quale camminare per incontrare il Maestro, colui che ci porterà all'illuminazione.

Esercizio: cercare le mani. Per fare ciò che Don Juan insegna a Castaneda, dobbiamo dirci mentre ci stiamo addormentando di cercare le nostre mani in sogno ed essere consapevoli di stare sognando. Guardare l'ambiente del sogno e memorizzarlo per poi riportare l'attenzione alle mani. Lo scopo deve essere quello di riuscire a ricordare il sogno e le mani devono diventare il testimonio del sogno. Dapprima occorre imparare a ricordare i sogni, esercitandosi a portare l'attenzione su un elemento prescelto; con il tempo potremo selezionare, rifiutare e anche scegliere ciò che desideriamo sognare e ricordare.

Imparare a volare nei sogni. Prima di andare a dormire, pensate a tutti i modi esistenti per volare e selezionatene alcuni visualizzandovi mentre volate con essi. Ripetetevi mentalmente «voglio volare. Questa notte, in sogno, voglio volare» sino a che vi addormenterete. Se durante la notte vi sveglierete pensate sempre «voglio volare» e visualizzatevi mentre lo state facendo. Addormentatevi con l'immagine di un gabbiano o di un uccello, che vi faciliterà lo stato onirico richiesto.

La bilocazione nella Bibbia

Nella Bibbia si trovano molti riferimenti alla bilocazione e al volare con l'anima che ci ricordano come questo fenomeno sia antico come il mondo. Citerò alcuni esempi che ci illustrano come, interpretandoli in chiave bilocativa, tutti i Profeti abbiano sperimentato questa esperienza. Ezechiele riporta luoghi, date e fatti storici, che ebbero notevoli influssi sulla sua vita e che vide in spirito. Spiega questa esperienza come un viaggio dello spirito, che lo sollevò e lo trasportò facendogli vedere luoghi e scene reali. Descrive come il 5 settembre 592 a.C. mentre si trovava in esilio, si recasse in spirito nel tempio di Gerusalemme e descrive minuziosamente ogni cosa che incontra. Tutto ciò che incontrò e descrisse lo vide con gli occhi dell'anima e viaggiò con essa seguito da Dio. Non viaggiò con il corpo ma ciò che vide lo vide «nello spirito di Dio».

Nel Vangelo vi sono diversi cenni alla bilocazione come il racconto delle tentazioni di Gesù che Matteo e Luca ci descrivono come un viaggio, prima nella Città Santa, successivamente sul pinnacolo del tempio, poi su di un monte altissimo e ogni volta Gesù è con il Demonio che lo tenta e che viene scacciato dalle scelte che Cristo fa con fede e forza. Tutti questi luoghi e queste esperienze non possono essere solo favole o simboli, ma esperienze dell'anima.

Un altro esempio è quando Gesù cammina sulle acque, dove i discepoli non hanno esitazione a riconoscerlo e credono sia il suo fantasma. Gesù li rassicura dicendo di essere in carne e ossa e li rimprovera per la loro poca fede. Questi esempi, come d'altronde molti altri, ci mostrano come la bilocazione fosse normale anche in passato per chi era in grado di viverla.

Il doppio dei santi

Anche la casistica che riguarda le apparizioni dei santi, nei secoli, ci dimostra la realtà dei viaggi astrali. Spesso essi apparivano in modo così nitido da convincere i testimoni di trovarsi al cospetto della loro forma fisica. Sant'Antonio da Padova, un giovedì santo, mentre stava celebrando la messa nella chiesa di San Pietro del Querrix a Limoges, si ricordò improvvisamente che si era impegnato a presenziare una funzione all'altro capo della città. Si mise il cappuccio sul capo e si inginocchiò. Più tardi riferirono che si era recato davanti alla congregazione di monaci, aveva assistito alla funzione e letto il servizio e l'officio appropriato e poi era come svanito. Un altro fenomeno straordinario lo ebbe santa Chiara di Assisi, compagna di san Francesco e paralizzata a letto da diversi anni. Alla morte di Francesco gli assisani indirono una grande cerimonia nella chiesa di Assisi per commemorare il santo. Chiara impossibilitata a recarvisi, vi andò con l'anima e tutti i presenti la videro. Per questo motivo venne proclamata patrona della televisione. Un altro santo più vicino a noi, san Giovanni Bosco, apparve a Sarrias in Spagna a don Giovanni Brand mentre in realtà si trovava a Torino. Una notte don Brand si sentì chiamare mentre dormiva, si svegliò, aprì gli occhi e vide tutta la camera illuminata come se fosse giorno. Ai piedi del letto vide don Bosco che lo guardava con affetto. Don Brand si alzò e gli baciò le mani e don Bosco gli fece i complimenti per come conduceva la casa e gli raccomandò maggiore prudenza intimandogli di licenziare alcune persone. Quindi sparì. Don Brand, visibilmente sconvolto, lasciò passare alcuni giorni prima di fare quanto don Bosco gli aveva ordinato, finché ricevette dall'Italia la lettera di un sacerdote che lo informò di aver avuto da don Bosco la visita notturna e, per suo incarico gli ricordava le raccomandazioni fatte. A questo punto don Brand fece ciò che don Bosco gli aveva comandato.

Padre Pio da Pietrelcina ebbe molte bilocazioni straordinarie. Una raccontata da Salvatore Capezzuto di Bari mi sembra la più significativa.

Il nonno della moglie del Capezzuto, che aveva 92 anni ed era stato investito da una motocicletta, aveva riportato la frattura del femore. Il Capezzuto andò da Padre Pio per pregarlo di chiedere al Signore la guarigione del nonno. Padre Pio promise le sue preghiere, però disse anche che, data l'età, la guarigione completa sarebbe stata difficile. Il Capezzuto pregò allora Padre Pio di portare la benedizione al nonno e il Padre promise che avrebbe cercato di accontentarlo. La sera dopo, mentre il nonno era in dormiveglia, vide entrare in camera due frati, uno dei quali era Padre Pio, il quale gli disse che l'altro era sant'Antonio, il suo protettore. I due frati si sedettero, parlarono con l'infermo, lo benedissero e se ne andarono. Il giorno dopo il Capezzuto tornò a San Giovanni Rotondo e raggiunse Padre Pio in chiesa mentre stava pregando, il quale come lo vide gli disse: «Ora che ho soddisfatto il tuo desiderio sei contento?». Il Capezzuto era sbigottito, non sapeva di quale desiderio si trattava, e allora Padre Pio soggiunse: «Tu sai cosa voglio dire, non fare lo sciocco».

Il doppio nella letteratura

La storia ci tramanda come molti personaggi illustri ebbero esperienze di bilocazione: ad esempio Goethe, vissuto dal 1749 al 1832, ebbe doti sensitive e tra le tante esperienze visse anche quella della bilocazione, di cui egli stesso parla in *Poesia e verità.*

«Cavalcavo lungo un sentiero, quando mi sopraffece un presagio fra i più strani. Vidi cioè me stesso con gli occhi della mente, non del corpo, venirmi incontro per la stessa via a cavallo, ma vestivo un abito che non avevo mai indossato grigio-azzurro con fregi d'oro. Quando mi riscossi la figura era scomparsa. Lo strano è che otto anni dopo mi ritrovai con il vestito del sogno che mi ero messo per caso, sulla stessa strada per fare come allora una visita a Federica.»

George Byron scrive nella sua biografia che parecchie furono le persone, fra cui il suo editore, che giurarono di averlo incontrato a Londra mentre invece si trovava da tutt'altra parte. Ci fu chi giurò di averlo visto firmare il registro delle persone che s'informavano della salute del re, mentre in realtà Byron era a Patrasso, costretto a letto dalla febbre malarica.

Un altro caso di proiezione astrale è narrato da Henri Charrière in *Papillon*, che narra la storia vera di un ergastolano, ma dove Charrière racconta anche i suoi viaggi straordinari.

«Sono più di due mesi che sono qui, questo reclusorio è il solo carcere, credo, dove non ci sia nulla da imparare, perché non sono possibili combinazioni o trucchi. Qui mi sono abituato a sdoppiarmi, ho una tattica infallibile per poter vagabondare nelle stelle con intensità e poter suscitare senza fatica diverse tappe della mia vita di avventuriero e della mia fantasia. Bisogna prima che mi stanchi molto, bisogna che cammini senza sedermi mai per ore e ore senza sosta pensando a una cosa qualsiasi. Poi, quando letteralmente mi arrendo, mi corico sul tavolaccio e poso la testa su metà della coperta e l'altra metà me la poso sulla faccia, in modo che l'aria già rarefatta della cella arriva alla mia bocca e al mio naso con difficoltà. Credo che questo provochi nei miei polmoni una sorta di asfissia e la mia testa comincia a scottare, soffoco per il caldo e per mancanza d'aria. Allora, improvvisamente, parto.» In un altro brano Charrière continua: «Sì, questa facoltà di viaggiare nello spazio mi consente di sedere con mia madre morta diciassette anni fa, gioco con la sua sottana e lei mi accarezza i riccioli dei capelli. Accarezzo le sue dita, ride con me. Con la mano nella mano torniamo a casa, e io mi ritrovo nella mia casa d'infanzia. Ci sono al punto che metto le mani sugli occhi della mamma perché non possa leggere la musica che sta suonando. Ci sono davvero, ma è immaginazione, sono con lei dietro lo sgabello girevole».

Anche Richard Bach in tutti i suoi libri rivive l'esperienza dell'uscita dal corpo e dell'incontro con le altre dimensioni come un'esperienza naturale. Incontra la sua compagna in tutto ciò che fa e costruisce persino, con lei, un ponte. In *Nessun luogo è lontano* scrive riferendosi all'anima e alla sua compagna:

«Vola libera e felice, al di là dei compleanni, in un tempo senza fine, nel persempre. Di tanto in tanto noi c'incontreremo — quando ci piacerà — nel bel mezzo dell'unica festa che non può mai finire».

Riferendosi al dono di volare scrive:

«Al pari di ogni cosa che non puoi toccare con mano o vedersi con gli occhi, il tuo dono si fa più potente via via che lo usi. Da principio l'impiegherai solo quando sei fuori casa, all'aperto, guardando l'uccello insieme al quale voli. Ma poi più in là, se l'adopri ben bene, funzionerà anche con quegli uccelli che non vedi; finché t'accorgerai che non t'occorre né l'anello né l'uccello per volare al di sopra delle nubi, nel sereno. E quando arriverà per te quel giorno, tu dovrai a tua volta donare il tuo dono a qualcuno che sai ne farà buon uso; costui potrà apprendere, allora, che le uniche cose che contano son quelle fatte di verità e di gioia, e non di latta e lustrini».

In *Illusioni* Bach scrive:

«Sei guidato nella tua esistenza dalla creatura interiore, capace di apprendere dal gaio essere spirituale che è il tuo vero io. Non voltare le spalle a futuri possibili, prima di essere certo che non hai niente da imparare da essi. Sei sempre libero di cambiare idea e di scegliere un avvenire diverso, o un diverso passato».

Io stesso, nel libro *Progetto uomo*, scrivevo:

«Può forse una distanza materiale o immateriale separarci dagli amici e dagli affetti? Se veramente desideri essere accanto a qualcuno che ami, non sei già con lui e lui con te?».

Tutti questi racconti tendono a considerare questo fenomeno assolutamente comune, normale. Sono state descritte migliaia di esperienze avvenute in tutte le latitudini della Terra e in tutte le culture. Mi sembra quindi doveroso non insistere oltre sulla sua veridicità, ma parlarne come se tutto fosse assodato. Sì, è vero, dentro di noi esiste una forza, un'energia che, se ben guidata, ci porta a vivere situazioni straordinarie. Chi nei secoli è riuscito a scoprirla ha provato esperienze uniche e irripetibili.

Una leggenda indiana racconta:

«Brahma creò il mondo. Quindi lo contemplò per milioni di anni, rallegrandosi per la sua creazione. Alla fine cominciò ad annoiarsi. Inventò allora un gioco: nascondersi in esso. Essendo onnipotente si nascose così bene che dovettero impiegare millenni per ritrovarsi. Una volta ritrovato si rinascose, tante e tante volte che oggi nessuno sa più dove sia. In questo momento può essere in un vaso, di fronte a noi, oppure in un albero, in una situazione, nella nostra casa, nella macchina, nell'orologio. Può trovarsi in una voce, una musica, un sogno o in chissà quali altre cose. Chi sa indicare dove sia nascosto?».

Ecco perché dobbiamo cercare il bello nelle cose quotidiane, in ciascuna delle quali potremmo trovare Brahma. Oppure potrebbe essere nella persona con la quale stiamo parlando. Questo dovrebbe indurci a vivere più consapevolmente e a sforzarci di trarre da ogni situazione gli aspetti positivi e gli insegnamenti per la nostra evoluzione.

Alcune considerazioni

La posizione materialistica, secondo la quale nulla esiste al di là del piano esistenziale sembra inoppugnabile, mentre la teoria che la mente usi il corpo come uno strumento è difficile da conciliare con i fatti giornalieri. Le esperienze di natura occulta e mistica hanno portato a credere che la coscienza non risieda nella struttura fisica del cervello, ma che vi sia un'entità all'interno di noi che funge da veicolo della coscienza. La scienza in questi ultimi anni ha dimostrato che vi è un forte legame fra corpo e psiche, che rimane indissolubile in tutte le esperienze della vita. Si è arrivati, con la psicologia, a definire la coscienza, direi quasi a toccare o a percepire Dio, ma non vi è la certezza di nulla. Molti scienziati hanno capito e dimostrato che oltre la materia vi è qualcosa che si può chiamare spirito, ma da qui a proclamare l'esistenza dell'anima e di Dio la cosa è diversa. Noi sappiamo che chi, nei secoli, ha saputo vivere con fede la propria vita, ha affrontato esperienze terribili con serenità. Il volare con l'anima è un'esperienza reale e serve per farci capire che esiste un altro mondo, un'altra dimensione, un'altra verità. Questo al di là della scienza, della medicina o della fede. L'Oriente, attraverso lo studio delle sue filosofie, ha portato una parte di verità e mi ha permesso di accettare queste esperienze con serenità e intelligenza. L'Occidente, con il suo scientismo, mi ha fatto trovare il ponte di unione fra le due realtà, a prima vista così diverse, ma a mio giudizio molto simili. Le storie dei santi, dei grandi mistici, di coloro che hanno saputo cambiare la realtà nella quale vivevano, mi hanno aperto la strada per accettare questi fenomeni non come «paranormali» ma come naturali e mi hanno permesso di vivere ed esistere.

LA PRATICA

Vivere la propria morte. La morte è un continuo processo di disintegrazione degli involucri che ci compongono. Valicata per sempre la frontiera della dimensione materiale, la nostra parte immortale si libera dagli involucri esterni, passando a uno stato di coscienza superiore. Questo processo può essere vissuto anche nella dimensione terrena e così l'uomo può familiarizzarsi con lo stato in cui verrà a trovarsi una volta disincarnato. La sequenza per questo esercizio è quella di partire dal corpo fisico, che dobbiamo imparare a conoscere, controllare e superare, per passare poi alla parte psichica, mentale e spirituale.

Io sono la luce. Mettetevi seduti in una posizione comoda con la schiena diritta. Chiudete gli occhi e rilassate la mascella, i muscoli del collo, quelli delle spalle, della schiena, la zona del plesso solare, le gambe e tutto il fisico. Rilassate gli organi interni, e cercate di inspirare ed espirare dolcemente.

a) Concentratevi sul terzo occhio, alla base del naso, e cercate di allontanare i pensieri rendendo la mente calma.

b) Ripetete mentalmente varie volte: « Io non sono il mio corpo ». Quindi passando in rassegna le parti del corpo continuate: « Io non sono i miei piedi, non sono le mie gambe, non sono il mio bacino, non sono il mio tronco, non sono la mia testa. Io non sono i miei muscoli, non sono il mio sistema nervoso, non sono il mio sistema circolatorio, non sono le mie ossa, né il mio cervello. Io non sono il mio corpo ».

c) Cercate di prendere coscienza e di sentire il vostro essere privo dell'involucro esterno: alcuni avranno una sensazione di benessere, altri si sentiranno galleggiare, altri ancora dondolare. Tutti scoprirete di esistere indipendentemente dal corpo e avrete una sensazione di pace e tranquillità mai sentite prima.

d) Dopo questa fase, continuiamo a ripetere mentalmente: « Io non sono le mie emozioni, io non sono i miei sentimenti, io non sono la mia ansia, non sono il mio rancore, non sono il mio odio, non sono la mia invidia, né la mia gelosia ». Ascoltiamo le risonanze che provocano queste affermazioni e cerchiamo di staccarci da esse e di superarle.

e) Successivamente cominciamo a ripetere: « Io non sono la mia personalità » facendo un'analisi delle nostre caratteristiche.

f) Passiamo a: « Io non sono i miei pregi, non sono i miei difetti ».

g) Ripetiamo: « Io non sono la mia mente, non sono i miei pensieri, non sono le mie emozioni ».

h) Facciamo una pausa e continuiamo a inspirare ed espirare con un ritmo calmo e regolare aprendo il nostro sentire a tutti i livelli di coscienza.

i) Passiamo ora alle affermazioni e diciamo: « Io sono l'Atman, l'essere in sé, io sono la luce, l'anima, lo spirito ». Cerchiamo durante questa fase di percepire la nostra esistenza come se fosse staccata da tutto ciò che ci lega alla terra per avere un contatto con il Divino o Sé superiore.

l) Dopo esservi lasciati invadere dal senso e dalla forza delle parole pronunciate, riprendete lentamente contatto con la mente, con i pensieri, le emozioni, il fisico. Tirate un profondo respiro e aprite gli occhi.

Benefici. Salvo qualche raro caso di persone psichicamente disturbate o labili, in genere questo esercizio è molto confortante. Infatti, mentre si esperimenta la sparizione, se pur a livello immaginativo, del corpo e di tutto ciò a cui siamo da sempre legati, ci si rende conto che una parte del nostro essere rimane non solo immutata, ma anche luminosa: e questa percezione ci rende più forti e più sicuri della realtà che trascende la materia.

CAPITOLO VII

MENTE E MEDITAZIONE

Dopo aver affrontato la respirazione e la bilocazione, impareremo a usare il pensiero per dirigere la nostra esistenza verso traguardi che ci liberano dagli errori e dall'illusione. Dominando il pensiero, che è un prodotto della mente generato sul piano fisico dal cervello, possiamo realizzare il nostro karma e affrontare ogni evento anche se negativo, trasformandolo in un'esperienza positiva per la nostra maturazione psichico-spirituale. La mente è uno strumento a nostra disposizione che va conosciuto, diretto e armonizzato.

La concentrazione

Concentrare significa riunire in un solo luogo tutte le cose che si trovano sparse attorno. Come una lente ha il potere di convogliare in un punto i raggi del sole producendo una fiamma, così la mente è in grado di concentrare l'energia dell'universo per produrre energia mentale. Nello yoga, la concentrazione è l'atto di mantenere il pensiero fisso su di un punto o un pensiero. È un atto volontario dell'intelletto, molto utile per imparare a dirigere le forze interiori e attivare l'attenzione, la memoria e le capacità introspettive. Si divide in:

1. **Oggettiva.** Quando produce energia attiva e positiva e si effettua su di un oggetto esterno a noi. Per

praticarla dobbiamo attenerci alle seguenti regole:

a) Allontanare dalla mente ogni pensiero e portare l'attenzione a ciò che si sta facendo.
b) Visualizzare e proiettare sullo schermo mentale l'oggetto desiderato.
c) Far emergere dalla mente solo pensieri che riguardino l'oggetto della concentrazione.
d) Essere positivi e fiduciosi in ciò che si fa.
e) Non farsi condizionare dal fattore tempo.

2. **Soggettiva.** Quando ci si concentra all'interno del proprio essere sull'energia divina in noi. Per fare ciò è indispensabile aver eliminato ogni tensione, ogni passione e ogni disarmonia. Questa concentrazione produce energia passiva e negativa.

La meditazione

Meditare significa assorbire e fondere le forze dell'intelletto e quelle del cuore per raggiungere la Luce che è in noi. È l'arte dello studio di se stessi, della riflessione, della osservazione e della ricerca dell'infinito in noi. Per fare questo dobbiamo guardare nel profondo del nostro essere alla scoperta dell'Io e contemplare l'osservazione dei processi fisici e lo studio degli stati mentali. Meditare significa unire il contemplatore, l'atto della contemplazione e l'oggetto contemplato, per farli diventare una sola cosa e cancellare la distinzione fra Io e Tu, cioè fra colui che conosce, lo strumento della conoscenza e l'oggetto conosciuto. Chi attua questa pratica diventa vibrante, vigile ed equilibrato e acquisisce la libertà dalla fame, dalla sete, dal sonno e dal sesso. Diventa inattaccabile dalle dualità di corpo e mente e conosce il riflesso dell'Anima. La differenza fra concentrazione e meditazione è che mentre la prima riguarda cose del mondo, oggetti o pensieri, la meditazione ha finalità spirituali e pone l'individuo in contatto con il superconscio. L'uomo, nella sua esistenza, lotta continuamente fra due pulsioni distinte:

a) La prima lo porta alla soddisfazione dei desideri e alla gratificazione dei sensi e lo spinge verso il basso.

b) La seconda lo porta in alto, verso la purezza e la realizzazione dell'Io interiore e lo eleva.

Queste pulsioni lo confondono e gli rendono la mente instabile e continuamente in subbuglio, portandolo a vivere una vita caotica e senza senso. La pratica della meditazione porta la mente alla stabilità e l'avvia dalla conoscenza imperfetta alla perfezione. La mente e l'intelligenza dell'uomo operano come una coppia integrata guidata dalla forza di volontà, per trovare l'armonia tra i pensieri, le parole e le azioni. Il corpo e la mente sono come una terra non arata: per renderla fertile, bisogna ararla e fornirle acqua e fertilizzanti, seminarla con le sementi migliori, e curare le messi per mieterne un buon raccolto. Con la meditazione possiamo applicare la forza del pensiero per produrre armonia dentro e fuori di noi, ottenendo il controllo della mente e delle emozioni e facendo fiorire l'intuizione. La nostra mente individuale non è che un piccolo frammento della mente divina e ha la capacità di ricevere da essa tutto ciò che serve per la sua crescita armoniosa. Lo scopo della meditazione è acquisire la conoscenza della verità e dell'illuminazione spirituale che colma l'individuo di pace e lo spinge a trasmetterla agli altri. La meditazione porta al conseguimento della libertà dalle limitazioni e alla consapevolezza che Dio è in noi. Quando l'uomo trae la propria ispirazione dalla contemplazione e dall'introspezione, capisce che l'unico valore da perseguire è dentro di lui e inizia un processo che lo porterà gradualmente all'illuminazione. Come un fiume è più puro alla sorgente che a metà del suo corso o alla foce, così il processo di realizzazione per l'uomo si fa sempre più difficile a mano a mano che ritorna alla sorgente spirituale.

Il simbolo della meditazione è il fior di loto che simboleggia la purezza e la bellezza: esso ci suggerisce che solo trovando questi valori dentro e fuori di noi possiamo realizzarci e far fiorire la conoscenza.

Cristo disse: «Io sono la Via, la Verità e la Vita», volendo significare che solo meditando i suoi insegnamenti e i suoi messaggi possiamo giungere all'unione con il Gesù che è in noi, e che ci indicherà come seguirlo e rimanere con lui per sempre.

I principi della meditazione

La meditazione si basa su alcune leggi fondamentali:

a) Il pensiero è una forza creatrice e le azioni sono pensieri materializzati. La forza-pensiero è più potente della forza fisica e meno condizionata dal tempo e dallo spazio.

b) La forza più grande per l'uomo è quella spirituale, che si manifesta in modo spontaneo e naturale.

c) Il carattere e la personalità di un uomo sono il risultato dei suoi pensieri e possono essere modificati dalla meditazione.

d) Con la meditazione il cuore viene purificato.

e) La mente è una forza creativa che diviene operante nella calma e nel silenzio. Quando meditiamo, una grande quantità di energia mentale e creativa viene immagazzinata nella psiche.

Entrare in se stessi

Dice il Saggio: «Quando non fai nulla e non agisci ma esisti semplicemente, sei e basta: questa è meditazione. Quando riesci a trovare il tempo per essere te stesso: questa è meditazione. Quando sei fermo, immobile:

questa è meditazione. Non la puoi insegnare o imparare, non è una pratica, è un'arte, e come tale deve essere vissuta. Quando comprendi cos'è e com'è, puoi restare in quello stato quanto vuoi. Lo spirito della meditazione è imparare a essere un testimone: questa è meditazione».

Meditare significa entrare in se stessi per intraprendere un viaggio che ci porterà al distacco da tutto e al risveglio della coscienza. Anche se cerchiamo all'esterno, tutto è dentro di noi: il mondo altro non è che illusione e sofferenza. Meditare è consapevolezza in ciò che si fa; l'azione non è importante, ciò che importa è la qualità dell'agire. Camminare, stare seduti, mangiare, ascoltare il canto degli uccelli, ascoltare il chiasso interiore, essere consapevole del proprio corpo, acquietare la mente e i pensieri sono tutte azioni fatte con consapevolezza e attenzione che diventano meditazione. Essa non si apprende, perché è una crescita interiore, sorge attraverso una trasformazione e un mutamento. È come l'amore che non può nascere all'esterno, ma fiorisce solo dentro l'essere. Attraverso la meditazione otteniamo la consapevolezza di essere parte dell'esistenza e del creato, tutto prende significato, dalle stelle al filo d'erba, tutto diventa parte di noi. Entrate in voi e fate nascere e fiorire il loto dai mille petali: quando ciò accadrà, capirete che questo è il presente, e che nulla all'infuori di esso esiste. Dice il Saggio:

«Quando spunta un fiore, io nasco con lui.
Quando si alza o tramonta il sole, Io sono con lui.
Quando guardo gli elementi, io sono con loro.
Il mio corpo è parte della natura.
Il mio Essere è parte dell'universo.
Il mio spirito è parte del Tutto.
Io non esisto, Io sono il Tutto».

Calmare la mente

Mente è il nome generico che viene dato alla totalità delle nostre esperienze consce o inconsce. Ciascuno di noi è il centro di pensieri, percezioni, sentimenti, emozioni, memorie e sogni che formano la mente. Questa non è un'entità fisica che possiede pensieri o sentimenti, ma è formata dal materiale che produce. Essendo non-materia, è diversa dal corpo e la sua funzione è di conoscere e sperimentare, riflettendo ogni cosa come un lago riflette le montagne e le foreste che lo circondano. È per natura mutevole e quindi cambia continuamente. Prima di meditare, dobbiamo calmare e purificare la mente espellendo da essa tutto ciò che di basso, meschino e degradante vi è. Pensieri di morte, separazione, malattia, desideri e passioni che impediscono il progresso spirituale devono essere eliminati e dobbiamo rendere la superficie della mente calma per formare in essa il vuoto. Per ottenere ciò, possiamo visualizzare un vaso con un esterno fatto di materia, che rappresenta il mondo e tutti i suoi problemi e un interno vuoto, che è il nostro essere. Nostro compito è isolarci all'interno e trovare la calma e la serenità che ci permettono di unirci alla nostra essenza divina. Attaccarsi al mondo, ai suoi valori, ai suoi oggetti e affermare costantemente il nostro ego, ferma la capacità di meditare e disturba la mente. Per evitare ciò, dobbiamo attuare il distacco da tutto e da tutti e non possedere egoisticamente nulla: questo non significa che non dobbiamo avere nulla ma che ogni oggetto che ci attrae e prende il sopravvento sulla nostra discriminazione danneggia la nostra natura. Cedere alla collera o esprimere odio equivale a increspare la superficie dell'oceano della mente che dovrebbe riflettere la sua luce divina. Le emozioni e i pensieri, dovrebbero armonizzarsi con la ragione, che è in stretto contatto con la Mente Divina. La sofferenza è segno di mancanza di armonia e di equilibrio interiore che inducono nel fisico la malattia e nella mente l'ignoranza, la paura e le negatività. La Mente Divina è come un ghiacciaio sterminato e le nostre menti individuali sono dei ruscelli che, scaturendo da esso, ne traggono benessere e vita. Se il flusso dell'acqua è ostacolato da qualche sbarramento, la corrente ristagna. Se gli ostacoli sono i piaceri dei sensi, i desideri di potenza e di benessere e il nostro ego, è indispensabile rimuoverli per mezzo della preghiera e della meditazione: con queste pratiche la mente è resa pura e trasparente e il Divino può dialogare con l'individuo. La mente è resa grossolana e opaca dalla ristrettezza mentale, dal pregiudizio e da ogni forma di egoismo e di accentuazione del senso dell'ego: per questo deve essere affinata in tutti i suoi strati nel piano istintivo, emozionale, intuitivo e spirituale. Questo si realizza permettendole di ospitare solo desideri e pensieri puri e praticando la meditazione, la preghiera e la contemplazione, in modo che la mente acquietata non possa offrire impedimenti al flusso divino.

Benefici della meditazione

La meditazione ci permette non solo di vincere malattie, insuccessi, cattiva fortuna e altre condizioni negative risultanti dalle azioni o vite passate, ma anche di modificare la nostra vita futura. Tutto questo avviene se accompagnato dall'armonia e dalla pace e se la mente è sotto controllo, acquietata e purificata per impedirle di percorrere vie che potrebbero condurla alla schiavitù. Se le meditazioni non recano pace e non riescono a ispirarci benevolenza, compassione, devozione e amore della verità, esse non sono spirituali. Dice Confucio: « Se un arciere fallisce il bersaglio, non incolpa il bersaglio, l'arco o la freccia, ma solo se stesso ». Comportandosi in questo modo e attribuendo solo a se stessi la causa dell'insuccesso, un giorno le imperfezioni svaniranno e le forze divine prenderanno il sopravvento portandoci pace ed armonia. Questa è la strada dell'illuminazione.

Come meditare

Meditare significa applicare la forza del pensiero in modo cosciente per ottenere il controllo della mente e delle emozioni e far fiorire l'intuizione. Per entrare in questo stato mentale, occorre ritirare la mente dagli oggetti esterni e dai concetti interni e metterla in contatto con la fonte di vita e di luce, allo scopo di creare il vuoto mentale e riempirlo con ciò che si desidera. Spesso la mente interferisce con questo processo, distraendoci con immagini mentali che si possono cancellare solo con la volontà. Scegliete un testo o una frase e, mentre meditate su di esso, acquietate e disciplinate la mente per mezzo della volontà affinché possa gradatamente penetrare in profondità ed entrare nella coscienza. Non basta meditare ogni mattina o sera, ma è bene mantenere la mente calma anche nel corso della giornata, qualunque cosa accada e trattare ogni persona con comprensione e dolcezza convincendoci che nel mondo non vi sono nemici se non quelli che ci creiamo e non vi sono estranei perché la vita divina è una e si manifesta ugualmente nel santo e nel peccatore. Dovete essere aperti a ogni esperienza, poiché dal cielo alla terra vi è un'unica forza, un substrato che crea la magia di tutti i fenomeni ed è il nostro stesso Sé. Lao-Tzu ha detto: «Sono gentile con quelli che sono gentili verso di me e sono buono con quelli che non lo sono». Occorre uniformarsi a questa massima se vogliamo ottenere calma e serenità e modellare la nostra vita su questi ideali:

a) **Imperturbabilità:** di fronte a ogni esperienza o emozione dovete rendervi trasparenti.
b) **Sincera identificazione:** non dimenticate mai che non siete il corpo o la mente ma lo Spirito eterno.

Tutte le azioni dovrebbero sviluppare in voi questa consapevolezza, rendendo la vita una preghiera.

c) **Verità:** scegliete un santo nome che attraverso le sue associazioni maggiormente vi attragga e fategli prendere possesso del vostro cuore.

d) **Proteggete la mente** dalle influenze esterne con tanta cura quanta ne avreste per proteggere un diamante raro.

e) **Siate giudiziosi** nel leggere e nel mangiare.

Quando diventerete consapevoli che lo spirito di Dio è in voi, le tenebre svaniranno, la vostra vita diventerà ricca e si produrranno mutamenti, vi insegneranno un'altra realtà e un altro amore. Qualsiasi metodo decidiate di praticare per effettuare la vostra seduta di meditazione sono essenziali i seguenti tre punti:

1. Attuate uno stato d'animo calmo e rilassato.
2. Non lottate con la mente, non controllatela e non concentratevi, ma in ogni deviazione limitatevi a riportarla sul soggetto prescelto.
3. Osservate con consapevolezza rilassata qualsiasi cosa accada, senza interferire.
4. Osservate il comportamento della mente senza giudizio e senza critiche.

La posizione. Potete meditare in varie posizioni, ma la più idonea è sedere in una posizione comoda con la spina dorsale, il collo e la testa in linea retta e il mento sollevato. Le ore migliori sono il mattino presto e la sera prima di coricarsi.

I preparativi. Durante il giorno, prendetevi tempo e fate un autoesame completo e spassionato, annotando le vostre debolezze di carattere: siate un giudice severo. Praticate l'autosuggestione, perché ha grande effetto sulla mente e sulla forza di volontà. Per essere padroni di voi stessi, dovete amare la verità sopra ogni cosa e in ogni circostanza la diplomazia deve cedere il passo alla verità. Nessun progetto ha valore se non conduce all'amore per la verità.

L'inizio. Il corpo è una nave guidata nel mare della vita dalla mente, che lo dirige dal punto in mezzo alle sopracciglia, che rappresenta il ponte di comando. Seduti concentrate l'attenzione e i vostri pensieri nel punto mediano delle sopracciglia, fissate la mente su questo punto e collocatevi nel centro il nome o la frase che avrete scelto. Ripetete questa operazione per quaranta giorni e scoprirete i suoi benefici.

ESERCIZI DI MEDITAZIONE

Meditazione sul respiro

L'attività mentale utilizzata nelle meditazioni sul respiro è la consapevolezza, che è la capacità della mente di mantenere la propria attenzione concentrata su quello che sta facendo senza perdersi o distrarsi. Nella sua forma più efficace, la consapevolezza è accompagnata dalla discriminazione che è una sentinella che controlla il sorgere delle distrazioni e dei pensieri disturbanti; nella vita quotidiana e nella meditazione è essenziale, perché ci mantiene concentrati, vigili e coscienti, aiutandoci a capire quello che succede nella nostra mente e ad affrontare i problemi quando si presentano.

La pratica

a) Sedetevi in una posizione comoda con la schiena diritta e il corpo rilassato.
b) Chiudete gli occhi e concentrate l'attenzione sulla

punta del naso, continuando a respirare regolarmente.

c) Se la mente vi invia pensieri fuorvianti, mantenete verso di essi un atteggiamento di neutralità, notandone la loro esistenza e riportando l'attenzione sul naso.

d) Visualizzate la superficie di un lago con delle increspature che lentamente scompaiano senza alterare la calma del lago: con esse si acquieteranno i pensieri che passano nella mente. Siate senza aspettative, attaccamenti o frustrazioni. Vivete felici nel presente, senza desiderare di essere altrove, accontentandovi di come siete.

e) Tornate allo stato di veglia.

Meditazione del giorno

Tutto nella giornata può essere oggetto e fonte di meditazione, dal risveglio del mattino al sonno della sera, fare jogging, nuotare, ballare, camminare tutto può essere oggetto di meditazione e riflessione. Quando camminate dovete farlo con consapevolezza, se muovete una mano devete essere consapevoli del movimento e viverlo come esperienza. Lo stesso principio è applicabile alla mente: qualsiasi pensiero scorra sullo schermo mentale durante la giornata e qualsiasi emozione non deve coinvolgervi ma trovarvi testimoni e spettatori. Durante il giorno dovete prendere consapevolezza del corpo e della mente come se non vi appartenessero, ma fossero staccati da voi. Anche la respirazione, che rappresenta un ponte fra la vita e altre dimensioni, vi aiuta a vivere nel presente. Meditando su di essa, ed entrando nei suoi ritmi, entrerete nei ritmi cosmici e troverete la fonte della vita che trascende dal tempo e dallo spazio.

Visualizzatevi senza testa e vivete senza testa. All'inizio questo vi sembrerà strano e bizzarro, ma a poco a poco la vostra coscienza si sposterà nel cuore e da qui comincerà a guidare il corpo. Perché un cieco sente meglio o un sordo vede meglio? Perché l'energia che non viene usata attraverso il senso mutilato viene incanalata e inviata al senso che gli permette di acquisire l'esperienza mancante. Quando avrete coscienza di essere senza testa vi percepirete nel cuore: e così imparerete a guardare il mondo dal cuore anziché dalla testa. Quando una persona si innamora, la tradizione popolare dice che perde la testa, cioè che il cuore prende il sopravvento sulla testa. L'amore, che è una funzione del cuore, porta a considerare il mondo non con la testa ma con il cuore. Quando saprete guardare attraverso il cuore, imparerete a vedere l'universo come un'unità e tutto vi sembrerà uno. La mente può solo selezionare e analizzare, mentre il cuore unisce e fonda nell'amore la sua esistenza: la scienza non potrà mai provare l'esistenza di Dio proprio perché il metodo impiegato, cioè la ragione, l'analisi e la divisione, non possono portare all'unità organica del Tutto, ed è impossibile arrivare al Tutto attraverso la testa.

LA PRATICA

a) Sedetevi in una posizione comoda e rilassatevi. Inspirate ed espirate, chiudendo gli occhi.
b) Visualizzatevi nella posizione in cui siete e immaginate che un uomo vi sviti la testa dal collo.
c) Portate l'attenzione sul cuore e cercate di sentire il mondo intorno a voi, captandone ogni sensazione e ogni emozione e notatene la differenza.
d) Cercate di vedervi vivere senza testa in mezzo agli altri e sentite che cosa provate. Questo nuovo stato

non deve spaventare, ma farvi vivere le emozioni donando amore a chi vi circonda.

e) Rimanete in questo stato quanto volete e quindi riavvitate la testa sul collo e continuate a respirare con un ritmo calmo, profondo e regolare.

f) Quando vi sentirete pronti aprite gli occhi e alzatevi.

Meditazione della preghiera

Eseguite questa meditazione di notte, in una stanza buia, prima di andare a dormire.

a) Alzate le mani al cielo con le palme verso l'alto, la testa sollevata; inspirate ed espirate rilassandovi.

b) Sentite che dal cielo fluisce un'energia che vi pervade nel profondo.

c) Man mano che l'energia scende, avvertirete nelle braccia un leggero tremolio che lentamente prende tutto il corpo. Abbandonatevi a questa sensazione e lasciatevi trasportare da qualunque cosa accada.

d) Mantenendo le braccia alzate, immedesimatevi con la terra, entrate in essa e sentitene l'energia che, dal basso, irradia tutto il corpo. State assorbendo energia da due polarità, la terra e il cielo, abbandonatevi a questa dualità energetica e caricate tutto il vostro essere.

e) Quando vi sentirete carichi, piegatevi al suolo e baciate la terra, sentendovi un semplice veicolo che permette all'energia divina di scaricarsi a terra.

f) Ripetete questa meditazione per sette volte. Quindi andate a letto abbandonandovi al sonno: l'energia rimarrà in voi tutta la notte.

Assorbi le tue negatività

Il Saggio insegna: «Non puoi fare nulla agli altri se prima non l'hai fatto a te stesso. Puoi ferire gli altri, se hai ferito te stesso. Sei un fastidio per gli altri, se lo sei a te stesso. Sei una benedizione per gli altri, se lo sei per te stesso. Qualsiasi cosa tu voglia fare agli altri, prima devi averla fatta a te stesso: puoi dividere con loro solo ciò che hai vissuto, non ciò che immagini». Questa meditazione parte dall'assorbimento in se stessi della propria infelicità, delle proprie tensioni e dei propri dolori. Ogni esperienza può procurare uno stato di dolore o di sofferenza, ma questo ci è dato per capire e farci camminare. Per effettuare questa meditazione dobbiamo entrare in noi, portare alla nostra coscienza queste esperienze e quindi cercare di capire, analizzare e rivivere gli stati d'animo e le sofferenze a esse associate. Successivamente, portiamo questo vissuto nel cuore affinché venga trasformato, rinvigorito e riarmonizzato, e possa tornare alla nostra coscienza riportando armonia e amore. Non fuggite da voi stessi, ma incontratevi e parlate con l'essere che è in voi cercando di capire ogni vostra tensione, sofferenza, paura e angoscia e portatele nel cuore, dove si trasformeranno in armonia, felicità e amore. Non rigettate il dolore, ma cercate di assorbirlo, accettarlo, digerirlo e dargli il benvenuto portandogli riconoscenza, dicendo a voi stessi: «Questa volta non eviterò il dolore, non lo rifiuterò, non lo getterò via, ma berrò questo calice e lo accoglierò in me come un ospite, un tesoro immenso e lo digerirò».

Quando riusciremo ad accettare il dolore senza il minimo rifiuto, le sue energie e le sue qualità muteranno e la sofferenza si trasmuterà, incredibilmente, in gioia.

LA PRATICA

a) Sedetevi in una posizione comoda e inspirate ed espirate con un ritmo calmo e regolare.
b) Cercate di far affiorare dalla mente una situazione o un'esperienza che vi ha creato tensione e negatività.

c) Consideratela in tutti i suoi particolari e rivivetela sino in fondo entrando in essa.
d) Portatela nel cuore e cercate di riassorbirla con la consapevolezza che mentre entra nel cuore si trasforma da negativa in positiva e porta alla mente e al corpo armonia e amore.
e) Rimanete alcuni minuti in questo stato di profondo benessere e quindi ritornate allo stato di veglia aprendo gli occhi.

Crea l'amore in te

Amare significa volere che gli altri siano felici, è una qualità naturale della mente, ma sino a che non si sviluppa attraverso la meditazione o altre pratiche, essa rimane limitata. Anche se tutti tendono idealmente all'amore universale, non tutti sanno come metterlo in pratica. Il primo passo è esercitare l'attenzione: osservando le nostre reazioni verso le persone che incontriamo, stando all'erta per scoprire i sentimenti di attrazione o repulsione, le pulsioni, le tensioni, le avversioni e l'indifferenza che proviamo verso il prossimo. Sino a che continueremo a discriminare tra quelli che ci piacciono e quelli che non ci piacciono, quelli per i quali sentiamo qualcosa e quelli che ci lasciano indifferenti, non possiamo fare nessun passo avanti. La meditazione sull'amore serve per stabilire un contatto con la propria risorsa naturale d'amore e incanalarla verso gli altri esseri viventi. Se si pratica con concentrazione e sincerità, mettendosi in contatto con il centro del cuore, si scoprirà che è possibile volere veramente che gli altri siano felici, qualunque sia il rapporto che hanno con noi.

LA PRATICA

a) Sedetevi comodamente, rilassate corpo e mente e cercate di calmare i pensieri e le preoccupazioni.

b) Osservate il vostro respiro sino a che risulterà calmo e concentrate la vostra consapevolezza sul «qui e ora».

c) Visualizzate le persone che vi amano, ponendo vostra madre alla sinistra, vostro padre alla destra, e tutti gli altri parenti e amici intorno e dietro di voi.

d) Visualizzate i nemici e chi non vi piace e sentiteli presenti e seduti silenziosamente vicino a voi.

e) Cercate di allontanare ogni senso di disagio o tensione, provando al contrario un senso d'armonia e di pace che pervade voi e tutti i presenti.

f) Pensate che tutti vogliono essere felici e quanto sia piacevole amarli tutti. Immergetevi in questi pensieri mentre rivedete tutte le persone che vi creano in qualche modo disagi o tensioni.

g) Per poter amare gli altri dovete prima amare voi stessi, cioè accettarvi come siete, con i vostri difetti, le vostre mancanze, riconoscendo che avete il vostro potenziale per liberarvi da tutti i problemi.

h) Portate l'attenzione nel cuore e generate in esso un sentimento d'amore visualizzando una luce calda e brillante all'interno, che si espande sino a riempire il vostro corpo e la vostra mente.

i) Quando tutto il vostro essere sarà pervaso da questa energia, inviatela agli altri esseri che vi stanno di fronte e immaginate che entri nei loro corpi e nelle loro menti, donando pace e serenità.

l) Inviate ai presenti questo pensiero: «Possiate essere felici, possano i vostri pensieri essere positivi e possano tutte le vostre esperienze darvi gioia. Possiate essere liberi da problemi, malattie, tristezze o altro. Possano le vostre vite essere longeve, pacifiche e armoniose, e possiate raggiungere rapidamente l'illuminazione».

m) Rivolgete la vostra attenzione alle persone che vi stanno di fronte, quelle che vi creano più problemi, e inviate la vostra energia d'amore dal vostro ai loro cuori, augurando loro di liberarsi dalla confusione, dalla collera e dall'egoismo che li spinge ad agire o vivere disarmonicamente.

n) Fermate ora la vostra attenzione su queste persone e inviate loro tutto l'amore e l'energia di cui siete capaci.

o) Irradiate il vostro amore su tutti gli uomini, i sofferenti, i poveri, il creato, l'universo e augurate a tutti gioia, felicità e amore.

p) Concludete pensando di avere la potenzialità di inviare amore e serenità a tutti gli esseri viventi, anche quelli che vi odiano, vi combattono o vi creano problemi e tensioni. Mantenete la mente aperta, cercando di vincere gli atteggiamenti pregiudiziali dell'ego e lasciate spazio nel vostro cuore per sviluppare un amore puro e universale.

q) Finite questa meditazione inviando energia positiva a tutti gli uomini affinché trovino felicità e illuminazione.

Quattro meditazioni

Vi proporrò una serie di quattro meditazioni che sono formulate per essere ciascuna un esercizio completo.

Prima meditazione:

a) Sedetevi in una posizione comoda, calmi e con la schiena, la testa e il collo allineati, acquietate la mente e la respirazione.

b) Focalizzate la mente sull'ombelico.

c) Inspirate profondamente, immaginando che con il respiro salga il prana dall'ombelico, sino a raggiungere lo spazio fra le sopracciglia.

d) Espirando fate ritornare l'attenzione all'ombelico.

e) Eseguite ventuno respiri in questo modo.

f) Ritornate con l'attenzione al respiro, al corpo e aprite gli occhi.

Seconda meditazione. Sedetevi come nella meditazione precedente e ripetete i punti *a*) e *b*).

c) Visualizzate il sorgere del sole. Immaginate che il sole si stia levando sempre più in alto sulle montagne o sul mare e concentratevi alcuni minuti su questa immagine.

d) Ripetete ventuno respiri con questa immagine fissa nella mente e ripetendo mentalmente «io sono la pura gioia e la pura felicità».

e) Ritornate con l'attenzione al respiro e al corpo e aprite gli occhi.

Terza meditazione:

a) Sedetevi e rilassatevi come nell'esercizio precedente.

b) Concentratevi sull'ombelico e collocategli nel mezzo il mantra Om.

c) Inspirate ed espirate ritmicamente per alcuni minuti, mantenendo concentrata l'attenzione sull'Om all'altezza dell'ombelico.

d) Portate la vostra attenzione alla sommità del capo e tracciate con il pensiero una linea di luce che, partendo da essa, scenda lentamente fra le sopracciglia, lungo il naso, le labbra, la gola, la regione del cuore, sino all'ombelico.

e) Concentratevi su questa linea di luce per dieci minuti.

f) Quando vi sentirete pronti, riprendete contatto con la realtà.

All'inizio, per facilitare l'operazione, potrete far scorrere un dito della mano destra lungo la linea, come se venisse tracciata realmente.

Benefici. Praticando questo esercizio ogni giorno la mente si manterrà immune da ogni male. Per dominare le passioni, superare la collera, il desiderio del piacere e l'orgoglio, dovete praticare questo esercizio con metodo.

Questa pratica agisce sia come protezione che come difesa. Dice il Saggio: « Le piante velenose non crescono in mezzo alla corrente del fiume, ma solo lungo le rive ». Allo stesso modo quando il flusso della coscienza è mantenuto nel mezzo del fisico, nessun male può svilupparsi nell'anima.

Quarta meditazione:

a) Sedete in una posizione meditativa, calmi e rilassati.
b) Ponete l'Om sull'ombelico.
c) Inspirate ed espirate adagio per ventuno volte, sollevando il respiro verso la testa.
d) Quindi lasciate libera la mente di pensare a ciò che vuole.
e) Qualunque pensiero o idea si presenti alla mente scacciatela dicendo: « È un'illusione, io non la voglio ».
f) Se il pensiero ritorna, scacciatelo nuovamente, dicendovi: « È illusione, anche questo desiderio è illusione ».
g) Continuate così sino a che la mente e il pensiero si acquieteranno e porteranno la calma a tutto l'essere.
h) Aprite gli occhi e ritornate alla realtà.

ESERCIZI SUPERIORI

Questi esercizi mi limiterò a descriverli nella loro stesura teorica, lasciando a ognuno la libertà di crearsi la pratica per attuarli. Dovete solo considerare che la base della meditazione è respirare con calma, sedersi con tranquillità e meditare con gioia. Se qualcuna di queste meditazioni non vi darà gioia, passate a un'altra, perché ciò significa che non è per voi. Personalmente preferisco quella in aereo perché è una pratica che mi ha permesso di vivere esperienze straordinarie. Portate anche queste meditazioni nella vita quotidiana ed esse vi ripagheranno con calma, amore e pace. Dice il Saggio: «Se non usi la vita quotidiana come fonte e metodo di meditazione, la tua meditazione sarà una fuga dalla realtà».

Fermati

Questa meditazione è brevissima e deve essere attuata almeno sei volte al giorno. La sua durata varia da alcuni minuti a mezzo minuto. È importante eseguirla all'improvviso. Mentre cammini fermati e rimani immobile. Per poco tempo sii presente e basta, qualunque sia la situazione fermati, sii semplicemente presente, spettatore di quanto accade, quindi riprendi a muoverti e a vivere, semplicemente. Se improvvisamente diventi presente, l'intera energia cambia e i pensieri che si concatenavano nella mente si interrompono. La mente non ha il tempo di creare un nuovo pensiero e quindi esiste solo il presente. Ovunque ti trovi, svegliati, dai una scossa al tuo essere e fermati: così diventerai consapevole di ciò che ti sta intorno e sentirai che anche gli altri sono diventati consapevoli della tua energia e qualcosa è accaduto, qualcosa è sceso in te dall'universo.

Il lavoro come meditazione

Ogni volta che sei svogliato o senza amore per il tuo lavoro, prima di metterti a lavorare respira profondamente. Durante l'inalazione immagina di immettere energia positiva nel tuo fisico e durante l'esalazione, immagina di espellere il tuo malumore e la tua depressione. Pratica questa respirazione per cinque minuti e tutto sarà passato, ricomincerai il tuo lavoro con gioia, calma e tranquillità. La cosa migliore è trasformare il tuo lavoro in una meditazione, perché la meditazione non è mai in conflitto con l'esistenza. Così la meditazione entra nella tua vita e la compenetra. Per vivere devi lavorare e questo lo devi fare sia che tu ami la tua attività, sia che tu la odi: per svolgerlo al meglio e senza tensioni devi solo metterci un po' d'amore e ne ricaverai benefici che altrimenti ti sfuggirebbero.

La creatività come meditazione

Creare è una forma di meditazione; ogni attività diventa meditazione se riesci a perderti in essa. Perciò non fermarti alla tecnica, ma cerca di essere coinvolto sino a perderti in essa completamente, senza sapere dove vai o dove sei, senza sapere cosa fai e senza sapere chi sei. Questa condizione di totale annullamento è la meditazione: lascia che accada, non devi creare qualcosa ma lasciar accadere qualcosa. Questa è la chiave: devi essere attivo e tuttavia non devi fare nulla; devi essere simile alla scrittura automatica, prendi la penna, siediti in silenzio, sino a che senti che la mano scrive da sola senza che tu abbia fatto nulla. Di fronte a ciò che stai creando, devi perderti, annullarti completamente e la tua presenza non è necessaria perché la creatività sta lavorando in te e per te.

Meditare in aereo

Volare ad alta quota è la migliore situazione per meditare e ottenere fenomeni psichici straordinari. Più si sta in alto e più facile è meditare. Non a caso i grandi iniziati si ritirano sull'Himalaya per ricevere l'illuminazione. Quando la forza di gravità diminuisce e si è lontani dalle vibrazioni della terra e del mondo, diminuiscono anche gran parte delle attrazioni terrestri. Lontano dalla società creata dagli uomini, lontano dalla famiglia, dagli impegni, da gioie e dolori, il tuo essere spazia con maggior libertà nel cielo che gli sta vicino. In aereo sei circondato dalle nubi, dalle stelle, dal sole e dalla luna, dallo spazio sconfinato e da tutte le sue energie: per cui chiudi gli occhi, respira con calma e rilassati. Cerca di entrare in questa immensità che ti circonda e sentiti unito a questo spazio. Prima cerca di espandere il tuo essere e riempi l'intero aereo, quindi diventa più grande dell'aereo, sei fuori e dentro l'aereo e l'aereo è dentro di te. Ora il tuo essere è nello spazio che circonda l'aereo; espanditi prima nel cielo e successivamente nell'universo, incontra le nuvole, la luna, il sole e le stelle e diventa sconfinato e infinito. Potrai a questo punto incontrare il tuo Maestro spirituale, la tua guida e parlare con lui per chiedergli tutto quello che vuoi. Quando vorrai, ritorna nel tuo corpo e ti sentirai rilassato e privo di tensioni. Ricorda: « La meditazione non è un viaggio nello spazio, né un viaggio nel tempo, ma un risveglio del tuo essere ».

Scompari

Se ti siedi sotto un albero, senza pensare al passato o al futuro e stai semplicemente lì, l'Io non c'è più. Nel presente l'ego non esiste, non è mai esistito, il passato si è dissolto e il futuro non è ancora comparso e quindi entrambi non esistono, ciò che esiste è solo il presente, e in esso non troverai mai nulla che assomigli all'ego. Siedi in una stanza o nel tuo giardino e dopo avere respirato e calmato il tuo essere, comincia a sentire che piano piano stai scomparendo, il tuo essere e il tuo fisico si dissolvono, lasciando lo spazio occupato. Prova a vedere come appare il mondo senza di te, senza la tua partecipazione, prova a non essere e considera come il mondo che ti circonda agisce, parla e vive questa tua sparizione. Vai a casa tua, in ufficio, vedi i tuoi cari, i tuoi amici e scoprirai tante verità che ora ti sono nascoste: tu non esisti e il mondo continua con le sue ansie e i suoi dolori. Man mano che aumenta in te la consapevolezza che il mondo continua anche senza di te, sarai in grado di conoscere un'altra parte del tuo essere, che per intere esistenze è stata trascurata. Sii disponibile a questa esperienza e soffri o gioisci per ciò che vedi o consideri, diventa trasparente e sii una porta attraverso la quale puoi entrare nel tuo essere. Ricorda che la vita continua il suo fluire anche senza di te; anche chi oggi afferma l'impossibilità di vivere senza la tua presenza, alla tua morte continuerà la vita e l'esperienza e nel tempo dimenticherà persino la tua esistenza.

Mantra affermativo

Ogni volta che senti in te divisione o dualità ripeti «io sono la luce»: non ripeterlo in modo meccanico, ma ogni volta che senti fiorire in te una vampata d'amore ripeti il mantra, altrimenti l'odio sarà in agguato, perché odio e amore sono due facce della stessa medaglia. Quindi ogni volta che ti senti sopraffare dall'odio, quando ti senti attaccato alla vita, quando hai paura di morire, ripeti il mantra perché solo uno esiste, e armonia e rilassamento prenderanno possesso della tua mente.

Scrivi, scrivi, scrivi

Metti tutti i giorni per iscritto i tuoi pensieri, qualunque cosa ti abbia disturbato o fuorviato nella giornata. Scrivi i pensieri più disarmonici, i più armonici della giornata e quelli più significativi e poi rileggili e considerali come una parte della tua mente. Leggendoli potrai anche pensare che non siano opera tua, ma questo non importa, scrivili e conservali, perché costituiscono una chiave per entrare nella tua mente e capire il suo alfabeto.

Un albero per amico

Avvicinati a un albero, parlagli, toccalo, abbraccialo, sentilo, siediti accanto a lui, fagli sentire che lo ami, fagli sentire che non vuoi fargli del male. Piano piano si instaurerà con l'albero un rapporto, un'amicizia e incomincerai a sentire che, non appena ti avvicini, le vibrazioni dell'albero cambiano e un'energia straordinaria scorrerà fra di voi. Dalla sua corteccia emanerà un'energia: un amore. Quando lo toccherai sarà felice come un amante, quando sederai vicino a lui ti invierà mille sensazioni diverse. Quando sarai triste, malinconico, teso o nervoso, avvicinandoti all'albero tutto scomparirà e ritornerai sereno e felice. Tu puoi fare felice l'albero e lui può fare felice te, l'intera esistenza è interdipendente. Dio stesso è l'interdipendente. Creati un albero per amico e scoprirai che vive con paure, pensieri ed emozioni come te: se saprai aprirti lo sentirai comunicare con te e anche se dovesse ammalarsi o morire, la sua energia ritornerà, perché il legame con ogni essere è per l'eternità.

CAPITOLO VIII

LA VISUALIZZAZIONE

Durante i tentativi per calmare, concentrare e dirigere la mente, appaiono sullo schermo mentale delle immagini spontanee che vi distolgono dall'oggetto prefissato. Tutto l'universo mentale lavora contro di voi e si ribella alle induzioni, inviandovi pensieri e visioni di disturbo. Con l'esercizio è possibile sfruttare questa capacità della mente e trasformarla in positivo, inducendole immagini che ci permettano di ampliare la nostra coscienza e ottenere calma, pace, serenità e amore. La visualizzazione è una tecnica mentale alla quale siamo abituati ma, a meno che il vostro lavoro non sia creativo, facciamo molto poco per svilupparla e utilizzarla. La meditazione abbinata alla visualizzazione ci aiuta ad aprire il cuore alle energie dell'amore, della compassione, della saggezza e della forza che sono sempre presenti in noi. Poiché la visualizzazione è una facoltà della mente, dovremmo considerare le immagini spontanee riflesse della nostra natura e dell'anima. Durante la preghiera o la meditazione, visualizzare l'immagine di un illuminato o del Cristo che prega con noi ci aiuterà ad aumentare la nostra fede. Identificarsi con corpo, parola e mente di questi illuminati e vedere le nostre emozioni e tensioni assorbite in loro ci aiuterà a sentirli più vicini e ad avvicinarci idealmente al loro esempio.

La visualizzazione creativa è una tecnica che consiste nell'usare l'immaginazione per attirare ciò che si desidera nella vita: con essa si potrà realizzare coscientemente amore, successo, gioia, salute, bellezza, prosperità, pace interiore e armonia. La tecnica consiste nel dare corpo a un desiderio o a un'idea, trasformandoli poi in un'immagine mentale, che va potenziata immettendole energia, sino a che diventerà realtà. L'idea o il desiderio possono essere fisici, mentali, emotivi o spirituali, reali o irreali. Potete creare un'immagine di voi stessi, in grado di affrontare e gestire ogni situazione, oppure vedervi come un essere radioso pieno di luce e d'amore. Per ottenere un risultato, è sufficiente rafforzare in sé il desiderio di arricchire la propria esperienza e conoscenza e avere una mente aperta a sperimentare qualcosa di nuovo con atteggiamento positivo. La visualizzazione creativa è magia, perché per attuarla è necessario comprendere e sintonizzarsi con i principi naturali che regolano il funzionamento dell'universo. Ciò che oggi vi sembra impossibile, diventerà comprensibile e normale quando avrete appreso e praticato questa tecnica. Abbiamo già considerato come tutto l'universo sia energia, che vibra a diverse frequenze. Pensieri, sentimenti ed emozioni hanno un'energia magnetica che attrae ogni energia della stessa natura. A differenza della materia, il pensiero è una forma di energia rapida, leggera e mobile che si manifesta istantaneamente. Avere nella mente un'idea e alimentarla continuamente con la forza del pensiero costituisce una forma di energia, che tenderà a materializzarsi nella realtà. Se pensate di ammalarvi vi ammalerete, se pensate all'amore lo incontrerete, se pensate al successo lo avrete. Per questo principio, ogni idea, pensiero o sentimento che immettiamo nell'universo, subisce una riflessione e ci ritorna ampliato sino a realizzarsi sul piano materiale.

Il Saggio disse: «Come seminate così raccoglierete». Nella vita attraiamo ciò che pensiamo, quello a cui più crediamo, quello che ci aspettiamo e quello che immaginiamo. Dovremmo coltivare un atteggiamento positivo per attrarre e creare situazioni ed eventi conformi alle nostre aspettative. Più è positiva l'energia che immettiamo nell'immaginare ciò che desideriamo e più essa si manifesterà nella nostra vita. Il cambiamento non avviene solo a livelli superficiali, ma implica l'esplorazione, la scoperta e il cambiamento del nostro atteggiamento interiore. Imparare a usare la visualizzazione creativa può diventare un processo di crescita, in cui presto si diventa consapevoli che gli ostacoli alla realizzazione di ciò che desideriamo li creiamo noi stessi, con le nostre paure e le nostre negatività. L'uomo è molto condizionato dai propri scopi e sviluppa un forte attaccamento a cose o persone del mondo esterno che ritiene necessarie per la sua felicità: ma in questa ricerca avverte, a volte solo inconsciamente, che nella sua vita manca qualcosa d'interiore e diventa teso e ansioso, accumulando stress nel tentativo di colmare questa mancanza e di manipolare il mondo esterno per ottenere ciò che desidera. Questo è lo stato d'animo in cui generalmente ci si pone degli obiettivi e si cerca di raggiungere ciò che si vuole, ma spesso, ponendosi a questo livello di coscienza, la cosa non funziona. Creiamo tanti ostacoli da rendere impossibile qualsiasi successo, o, quando si raggiunge lo scopo, si scopre che non porta la felicità. In questa fase si inizia ad aprirsi a una strada spirituale, comprendendo che ci deve essere qualcosa di più nella vita e mettendosi alla sua ricerca. Dopo molti tentativi si scoprirà che tutto ciò che cerchiamo è dentro di noi, nel Dio che è in noi, nella nostra anima, e il vuoto interiore viene colmato dallo spirito, facendoci diventare esseri radianti. Quando si esce dalla condizione di vuoto, di affanno, di manipolazione degli altri, la prima cosa che si impara è di lasciarsi andare agli avvenimenti, smettendo ogni azione o aggressione contro gli altri, per ottenere ciò che si cerca e passando dalla condizione del «fare» a quella di «essere». La rinuncia all'attaccamento è un'esperienza liberatoria e ci permette di acquisire consapevolezza, scoprendo prima di tutto che lasciarsi vivere è una condizione di gioia e felicità altamente positiva. Da questa esperienza troverete la chiave per accedere al Sé e prima o poi fluirà attraverso voi una grande quantità di energia creativa naturale. Prenderete coscienza che siete voi a creare la vostra vita e ad attirare gli eventi. Inizierete a interessarvi alle possibilità di realizzare esperienze più gratificanti e concentrerete le vostre energie per ottenere risultati più elevati e soddisfacenti. Capirete che la vita nella sua essenza è buona, generosa, divertente e che ottenere ciò che si desidera, senza lotta, o sforzo, o rinunce, fa parte del diritto di nascita di ciascun uomo, è qualcosa di implicito nel fatto di essere vivi. Questo è il momento in cui la visualizzazione creativa diventa uno strumento importante. Dice il Saggio: «La vita è un fiume. Gli uomini restano in prossimità della riva per paura di venir travolti dalla corrente. Chi decide di entrare nel fiume e lasciarsi andare fiducioso, imparerà a lasciarsi andare anche nella vita evitando ogni ostacolo».

L'uomo è costituito da tre livelli:

a) **Essere,** che equivale all'essere vivi e coscienti; procura la sensazione di essere in pace con se stessi.

b) **Fare,** che significa movimento e attività; nasce dalla energia creativa, che è la fonte della vitalità.

c) **Avere,** che è la facoltà di accogliere e accettare cose e persone nella nostra vita, dividendo lo spazio con loro.

Se volete vivere nella verità dovete essere chi siete, fare ciò che dovete e avere ciò che volete: di fronte a questa verità anche il saggio s'inginocchia. Lo scopo della visualizzazione creativa è di metterci in relazione con il nostro essere, per facilitare il nostro fare e accrescere il nostro avere.

Affinché si concretizzi il processo creativo dobbiamo attenerci alle seguenti regole:

Desiderio: imparate a sviluppare un forte desiderio verso ciò che volete.
Fiducia: è necessaria una incrollabile fede in ciò che si sceglie e nella possibilità di raggiungerlo.
Accettazione: è necessario essere disposti ad accettare di avere ciò che si desidera.
Intenzione: è la somma dei tre punti precedenti. Quando l'intenzione di creare diventa primaria, acquistate fiducia nella possibilità di realizzarla e siete disposti a possederla. Più l'intenzione è forte e più rapidamente lavorerà la visualizzazione.

LA PRATICA

Entrare in contatto con l'anima

Questo esercizio aiuta a mettersi in contatto con la propria anima per raggiungere la sorgente d'amore, di sapienza e d'energia infinita che è in noi. Entrare in contatto con essa ci porta una sensazione di sapienza, di certezza e di forza interiore che ci renderà coscienti di essere creatori del nostro mondo e di avere il potere per realizzarlo.

a) Sedetevi in una posizione comoda, inspirate ed espirate con calma e rilassatevi.
b) Portate l'attenzione sul cuore e respirate con un ritmo calmo, profondo e regolare.
c) Visualizzate una luce che nasce dall'interno del cuore irradiando splendore e calore; sentitela crescere, espandersi, irradiarsi verso l'esterno e sempre

più lontano da voi, sino a che si trasformerà in un sole d'oro che riversa energia e amore su tutto.

d) Affermate mentalmente: « La luce e l'amore divino, fluiscono attraverso me e irradiano tutte le cose che mi circondano ».

e) Rimanete in questo stato e assaporate l'armonia che questa luce infonde su tutto ciò che irradia.

f) Visualizzate la luce, che lentamente si ritira nel cuore con l'armonia che ha generato e si concentra in esso. Prendete contatto con il corpo e con il respiro, quindi aprite gli occhi.

Create il vostro santuario

Quando incominciate a usare la visualizzazione creativa, è importante creare dentro di voi un santuario, cioè un luogo dove ripararvi tutte le volte che lo desiderate e dove nessuno possa disturbarvi. Il santuario è il posto ideale per il rilassamento, la preghiera, la tranquillità e la sicurezza. Rappresenta anche il ricettacolo in cui tenere i pensieri, i desideri e le emozioni più nascoste.

a) Chiudete gli occhi, rilassatevi e respirate con calma.

b) Visualizzate un ambiente naturale che vi attrae, un prato, un bosco, la riva del mare, la vetta di una montagna; oppure un ambiente fantastico come il fondo del mare, l'universo o un altro pianeta. L'importante è che sia piacevole, comodo e vi dia un senso di pace e tranquillità.

c) Esplorate questo luogo, osservandone tutti i particolari, i suoni, i colori, gli odori, e assaporate le emozioni e le impressioni che esso vi suscita.

d) Ora adattate questo luogo alle vostre esigenze. Potrete costruirvi una casa, un capanno, un locale. Forse vi basterà circondare la zona con alberi o irradiare su essa la luce protettiva. Create, costruite e disponete le cose in modo da trarne piacere e comodità, oppure celebrate un rituale che ve lo renda esclusivo e ideale.

e) Fissate nella mente questo luogo e i suoi particolari. Questo è il vostro santuario interiore, dove potete tornare in ogni momento: in esso troverete calma, tranquillità, rilassamento e rifugio.

f) Scoprirete che col tempo il santuario si modifica, oppure sorgerà in voi il desiderio di modificarlo, per adattarlo alle vostre nuove esigenze: potrete intervenire in ogni momento, a patto che esso conservi sempre il suo carattere di oasi di pace e di sicurezza.

g) Rifugiatevi in questo luogo quando ne sentite l'esigenza o quando dovete prendere importanti decisioni. Esso vi aspetta sempre e con le sue energie vi dona la calma, la pace e la tranquillità necessarie per riarmonizzarvi con la vita.

h) Quando vorrete riemergere, prendete contatto con il vostro corpo, il respiro e aprite gli occhi.

Incontrare il Maestro

Ogni uomo, ha dentro di sé la saggezza e il sapere di cui abbisogna. Saggezza e sapere sono raggiungibili attraverso la mente intuitiva, che rappresenta il legame con l'intelligenza universale. Dal momento che non è facile collegarsi con essa, un modo per farlo è cercare di incontrare la propria guida interiore, conoscerla e dialogare con lei: essa incarna una parte superiore di noi, che si può raggiungere sotto forme diverse. Rappresenta un ponte, al di là del quale troviamo un'altra dimensione, un'altra realtà e un'altra verità. Solitamente ci appare sotto forma di persona (un saggio, un essere di luce o un maestro spirituale) un essere con cui si può parlare e comunicare.

a) Chiudete gli occhi, rilassatevi e respirate con calma.
b) Visualizzate il vostro santuario interiore ed entratevi armonizzandovi con esso.
c) Visualizzate che dal santuario parta un sentiero che si perde in lontananza e incominciate a camminare su di esso sino a che in lontananza vedrete una forma che vi viene incontro irradiando luce.
d) Avvicinandovi noterete i contorni di una figura e potrete distinguere se si tratta di un uomo o di una donna, l'età e il modo di vestire e via via, mentre vi avvicinate, un maggior numero di dettagli sino a che il suo volto, le sue sembianze e tutto il suo essere saranno di fronte a voi.
e) Salutate il Maestro e chiedetegli il suo nome, mostrategli il vostro santuario e visitatelo insieme. Chiedetegli se vuol dirvi qualcosa, darvi qualche consiglio. Rimanete in attesa, in ascolto delle risposte, che dovrete annotare al risveglio.
f) Quando sentirete che per il momento l'esperienza è finita, ringraziatelo ed esprimetegli il vostro apprezzamento chiedendogli di ritornare. Aprite gli occhi e tornate nel mondo esterno.

Alcuni chiarimenti. Questo esercizio può portare vissuti diversi tra loro: infatti non sempre incontrare il Maestro è un'esperienza gratificante. Il suo compito non è quello di accarezzarci e seguirci, ma di spronarci per raggiungere le mete prefissate. Da questa esperienza potreste trarne dei risvolti amari, che tuttavia servono per la vostra evoluzione. Se non siete riusciti a incontrare il Maestro, a vederlo, non importa: basta sentirne la presenza e avvertire la potenza e l'amore che da esso emana. Ricordate che in ogni caso il Maestro è sempre disponibile per darvi risposte, sapienza, conoscenza, sostegno, ispirazione, creatività, amore e compagnia.

Realizzare i desideri

a) Sedetevi in una posizione comoda, chiudete gli occhi e respirate lentamente e profondamente rilassandovi.
b) Visualizzate nel modo più chiaro possibile una situazione o una cosa che desiderate o che vorreste si realizzasse, immaginando che si sia concretizzata, e captatene la felicità e l'armonia che ciò vi infonde.
c) Con l'occhio della mente circondate e racchiudete questa immagine con una bolla rosa dato che questo è il colore del cuore: circondando con una vibrazione di questo colore quello che visualizzate otterrete ciò che è in affinità con il vostro cuore.
d) Lasciate andare la bolla rosa immaginando che fluttui liberamente nell'universo con la vostra visualizzazione. La bolla è libera di volare attraendo e raccogliendo energia affinché si avveri il suo contenuto. Con il suo distacco vi siete liberati emotivamente dal desiderio e quindi anche da ogni possesso o negatività.

Guarire se stessi

a) Sedetevi comodamente, respirate e rilassatevi.
b) Partendo dalle dita dei piedi portate la vostra attenzione verso l'alto, fermandola su ogni parte che inviterete, a rilassarsi e sbloccarsi.
c) Visualizzate una luce dorata, calda e armoniosa, che pervade e irradia il vostro corpo e lo guarisce, dirigendola con la volontà sulle parti del corpo deboli, malate, o prive di energia.
d) Osservate questa energia entrare e sanare o rigenerare questa parte, che ritrova la sua armonia, guarendo e rigenerandosi.

e) Visualizzate la malattia che si dissolve, mentre nel corpo torna la salute. Ora siete in ottima forma e attivi.
f) Potenziate la visualizzazione con questa affermazione: «Sono pieno di vitalità, energia e salute, e il mio corpo è in armonia con l'universo».
g) Riprendete contatto con il corpo, il respiro e aprite gli occhi.

D'ora in poi, quando farete questa visualizzazione, raffiguratevi in perfetta salute, circondati da una luce dorata che vi rigenera e guarisce.

L'esperienza della invocazione

Invocare significa chiamare, appellarsi a qualcuno che verrà in nostro soccorso. L'invocazione usata nella meditazione è una tecnica che si serve della visualizzazione per evocare qualsiasi qualità e ogni tipo di energia che desiderate o di cui avete bisogno, come forza, sapienza, serenità, compassione, calore, chiarezza, intelligenza, creatività, potere, guarigione, ecc. È importante formulare ogni volta un enunciato chiaro e deciso, dicendo a voi stessi che questa qualità sta venendo e nascendo in voi e vi renderà migliori.
a) Sedetevi in una posizione comoda, chiudete gli occhi e rilassatevi profondamente.
b) Quando vi sentirete calmi e rilassati dite mentalmente: «Ora invoco la qualità dell'amore». Sentite l'energia dell'amore che uscendo dal cuore pervade il vostro essere.
c) Rimanete qualche tempo ad assaporare a fondo questa sensazione sino a che ne sarete completamente pervasi.
d) Dirigete ora questa energia verso un obiettivo che vi siete prefissati e sentitelo realizzarsi.
e) Riprendete contatto con il corpo, il respiro e aprite gli occhi.

Invocazione di uno spirito

Oltre le qualità, è possibile evocare anche uno spirito o la sua essenza. Invocando un grande Maestro come Buddha o Cristo, si evocano le qualità universali che questi simboleggia, qualità che si trovano sepolte in ciascuno di noi. Se ad esempio evocate Cristo, esso lavorerà in voi stimolando amore, compassione, perdono, ecc. Se avete un particolare Maestro, una guida, o una figura eroica che sentite congeniale, chiamatelo e invocatelo.

Sbloccare le energie

Questo lavoro sulle energie e sulle vibrazioni è stato fatto senza considerare la possibilità che vi siano dei blocchi psichici o energetici che intralcino il raggiungimento degli obiettivi prefissati. Di solito questi blocchi sono causati da emozioni represse, da paura, senso di colpa e risentimento, che fanno sì che una persona si chiuda spiritualmente, emotivamente, mentalmente e anche fisicamente. Per trattare una regione della coscienza in cui esiste un blocco, dobbiamo prima di tutto sperimentare l'emozione che ha causato il ristagno emotivo o a riviverla in modo da scioglierla con accettazione e amore. Così facendo si smuove l'energia bloccata e nello stesso tempo si ha la possibilità di osservare le convinzioni o gli atteggiamenti negativi sottostanti che hanno determinato il problema. Una volta capito e accettato il problema, lo sblocco è automatico: prendere coscienza della condizione restrittiva e accettare i sentimenti da essa suscitati, sblocca le energie accumulate e il problema si dissolve e scompare. Tutto sta nell'amare e accettare se stessi, provare compassione per le convinzioni errate acquisite ed essere pronti a liberarsene, convinti che si tratti di atteggiamenti restrittivi, distruttivi e autolesionisti. Se incontriamo delle difficoltà nel realizzare un obiettivo o avvertiamo una resistenza in noi al suo raggiungimento, ecco un altro esercizio.

1. Scrivete su un pezzo di carta: La ragione per cui non riesco a ottenere quello che voglio è: quindi incominciate a scrivere tutto ciò che vi viene in mente al riguardo.
2. Rifate l'esercizio al punto 1, ma questa volta date un nome preciso a ciò che volete e procedete come prima. Osservate il vostro elenco, per valutare se qualcuna delle idee che avete scritto vi sembra giusta. Basterà che diveniate consapevoli delle limitazioni che imponete a voi stessi e agli altri.
3. Scrivete un elenco di tutti gli atteggiamenti negativi nei confronti degli altri, dei rapporti, del mondo e della vita e cercate di capire quale di queste idee può avervi consciamente o inconsciamente procurato un blocco energetico.
4. Scrivete i nomi di tutti quelli che nella vostra vita vi hanno maltrattato, fatto male, arrecato ingiustizia, o di coloro verso i quali sentite o avete sentito risentimento, rabbia, ostilità. Vicino a ciascun nome scrivete ciò che vi ha fatto o quello che sentite per loro. Chiudete gli occhi, rilassatevi e visualizzate una per una queste persone, conversate con loro, spiegando i vostri risentimenti. Quindi perdonateli e benediteli.
5. Alla fine buttate i fogli di carta, con un gesto che simboleggia il distacco dalle esperienze passate. Sedete e ripetete: « Ho lasciato i sensi di colpa, la paura, i risentimenti, i rancori e gli odi e sono libero e senza pesi. Ora mi amo e mi apprezzo ».

IL RILASSAMENTO

Il nostro modo di vivere è frenetico e dominato dalla fretta, dall'ansia, dalla competitività e dalla nevrosi. Spesso alla notte il cervello non smette di arrovellarsi e al mattino ci si sveglia con l'impressione di aver lavorato anche durante il sonno, e ci si sente stanchi. Basta osservare una persona, per accorgersi come lo stress e le tensioni agiscano sul suo corpo, accumulandosi sino a diventare visibili e spesso sino a deformare l'organismo, curvando le spalle, espandendo il ventre e irrigidendo i muscoli addominali. Questo sistema di vita crea una serie di abitudini errate dalle quali non si riesce a liberarsi. Il primo passo per uscire da questa catena, e quindi dallo stress, è il rilassamento, che non è solo il mezzo più idoneo per raggiungere l'equilibrio del corpo, ma una pratica che coinvolge l'intero essere. Rilassarsi è facile: basta sdraiarsi o sedersi in un luogo appartato, chiudere gli occhi, decontrarre i muscoli e creare il vuoto mentale, allontanando dalla mente i pensieri e i problemi della giornata per vivere nel presente. Il corpo deve essere sciolto e privo di tensioni: per ottenere ciò dobbiamo passare in rassegna in ogni sua parte, e dai piedi alla testa, sciogliendo tutte le tensioni e i blocchi che troviamo. Il rilassamento non serve solo per le componenti fisiche dell'uomo, ma anche per quelle energetiche. Il sistema nervoso, ad esempio, è molto ramificato ed è sempre vigile e attivo: tutte le sue connessioni e i suoi contatti sono continuamente attraversati da impulsi, correnti ed energie che vengono originate volontariamente o automaticamente. Questa rete produce dei campi d'influenza e d'energia che escono dai confini del corpo e si proiettano oltre la pelle, formando l'aura, influenzando la nostra esistenza e quella di chi ci sta intorno.

Il training autogeno

Il training autogeno è un metodo di rilassamento che ha avuto un notevole sviluppo negli ultimi decenni, per i pressanti bisogni che il nostro tempo impone. Se il rilassamento è utile per tutti, tanto più è necessario per quelle persone che soffrono di disturbi neurovegetativi. Chi pratica il training autogeno (TA) acquisisce la capacità di rimanere tranquillo e sereno, di riposare e di eliminare i disturbi del sonno. Fu elaborato dal neurologo tedesco J. H. Schultz, che lo definiva un metodo di autodistensione da concentrazione psichica. Il TA comprende un gruppo di sei esercizi inferiori (oltre a una serie di esercizi superiori che qui non prenderemo in esame), in una sequenza ben determinata da effettuarsi in posizione di riposo. Esso si basa sull'autodistensione raggiunta con la concentrazione psichica, che ci aiuta a entrare in noi con esercizi di introspezione e a cambiare il ritmo dell'organismo. Il TA richiede un raccoglimento interiore, una disposizione psichica e un abbandono che portano al rilassamento del corpo. È una tecnica che si apprende attraverso esercizi di concentrazione passiva, studiati allo scopo di eliminare lo stress provocato da quei meccanismi istintivi di lotta e di fuga e arrivare al rilassamento, alla calma, alla presa di coscienza del corpo e del rapporto che si ha con esso. È un metodo autoindotto di distensione che richiede alcune condizioni fondamentali come l'impegno costante in esercizi che vanno eseguiti in modo graduale e regolare.

La base è lasciarsi andare a sentire il corpo che si esprime attraverso sensazioni e tensioni, affinché la sua voce diventi sempre più chiara e riconoscibile. Nella mente libera da preoccupazioni e pensieri prende forza il potere dell'immaginazione e dell'autosuggestione che, attraverso gli esercizi psico-fisiologici, ci aiuta nel passaggio da uno stato di tensione a quello di rilassamento e di recupero delle energie. Il ciclo inferiore consta di sei esercizi:

1. Esercizio della pesantezza - distensione muscolare.
2. Esercizio del calore - distensione vascolare.
3. Esercizio del cuore - distensione del ritmo cardiaco.

4. Esercizio del respiro - respirazione normale e passiva.
5. Esercizio dell'addome - distensione del plesso solare.
6. Esercizio del capo - distensione vascolare del capo.

La pratica. Distendetevi per terra, supini, con le braccia lungo i fianchi e gli occhi chiusi in uno stato di attenzione passiva.

La pesantezza. Ripetete mentalmente «il mio braccio è pesante» concentrando l'attenzione sul braccio destro. Mille pensieri si accavalleranno nella mente: non combatteteli ma lasciateli fluire senza seguirli come se passassero su di uno schermo. Lentamente estendete la sensazione di pesantezza all'altro braccio, poi alle gambe, al tronco e a tutto il corpo. Sentitevi pesanti, immaginando che il corpo sprofondi nella terra per la pesantezza.

Il calore. Passate poi alla sensazione di calore e, iniziando dal braccio destro ditevi «il mio braccio destro è caldo, caldo e disteso». Estendete lentamente la sensazione a tutto il corpo, come nell'esercizio precedente.

Il cuore. Concentratevi ora sul pensiero «il mio cuore batte calmo e regolare e mi sento forte, calmo e disteso». Sentite il cuore che si acquieta e si calma, mentre tutto il vostro essere si rilassa sempre più.

Il respiro. Concentratevi ora sul respiro, ripetendo «il mio respiro è calmo e regolare», senza forzare in nessun modo il respiro, ma cercando di trovare un ritmo naturale.

Il plesso solare si trova fra lo stomaco e l'ombelico. Immaginate di avere una borsa di acqua calda su questa parte del corpo e di avvertire una sensazione di calore che si irradia in ogni direzione.

La fronte. Portate l'attenzione sulla fronte e sentitela fresca, come se una leggera brezza vi sfiorasse.

Tra un esercizio e l'altro ripetete «io sono perfettamente calmo», lasciandovi andare alle sensazioni.

CAPITOLO IX

VOLARE CON L'ANIMA

Eccoci finalmente a ciò che abbiamo tanto atteso, al training per realizzare l'esperienza di volare con l'anima. Gli esercizi, le meditazioni e le visualizzazioni che vi esporrò fanno parte del corso che ho elaborato, coadiuvato da Manuela Pompas, organizzando poi insieme dei seminari in tutta Italia. Attenetevi a quanto esposto e continuate ad esercitarvi, perché solo la costante applicazione può portarvi all'esperienza voluta. Ho già spiegato cosa significa volare con l'anima e come tutti proviamo questa esperienza durante il sogno, anche se a livello conscio non sempre ci rendiamo conto di che cosa si tratti. Molti scrittori, pittori o artisti hanno provato questa esperienza descrivendola nelle loro opere come una invenzione fantastica, anche se un lettore attento saprà riconoscerla pur se tale, ma velata dal mistero.

Spero che questi esercizi vi aprano a questa straordinaria esperienza, riempiendovi l'animo di felicità.

La preparazione: l'armonia

Consiste nell'armonizzarsi con il luogo, le cose e le persone che ci circondano:

a) Sedetevi in una posizione comoda, in un luogo silenzioso e appartato e chiudete gli occhi.
b) Inspirate lentamente e profondamente sino a riem-

pire i polmoni. Con l'aria si immette nel fisico il prana che vi ha rigenerati e vitalizzati.

c) Durante l'espirazione pronunciate, a voce alta, con un suono basso e lungo, il mantra «Om».

d) Continuate sino a che sentirete vibrare insieme con la vostra voce il luogo dove vi trovate, in sintonia con l'universo.

La respirazione

a) Inspirate lentamente e riempite i polmoni.

b) Trattenete il respiro per un tempo uguale all'inspirazione.

c) Dalla bocca e dal naso espirate il più velocemente possibile e rimanete a polmoni vuoti.

d) Ripetete l'esercizio sei volte.

Pulizia dell'aura

Sempre seduti e a occhi chiusi, immaginate che dalla sommità della testa una grande luce vi pervada e pulisca tutto il vostro essere, sia esternamente che internamente. Questa luce scioglie tutte le tensioni, le emozioni e i pensieri che vi bloccano o vi fermano. Quando vi sentirete armonizzati, rivitalizzati e completamente puliti da ogni negatività, potrete procedere.

L'inizio: il rilassamento

Rilassamento esterno. Sedetevi in una posizione comoda, inspirate ed espirate con calma. Portate l'attenzione sul corpo e scoprite quali parti di esso sono in tensione. Osservate la testa, il collo, le spalle, il petto, la pancia, le gambe. Prendete coscienza delle tensioni che incontrate e cercate di aumentarle, tendendo maggiormente i muscoli. Dopo qualche secondo, lasciatele andare, constatando la sensazione di rilassamento.

Seconda fase. Portate l'attenzione alla sommità della testa e immaginate che da essa partano due linee immaginarie che, passando nella parte anteriore, tocchino il cuoio capelluto, la fronte, gli occhi, i muscoli facciali, la mandibola, il naso, le labbra. Scendete quindi ai due lati del collo, alle spalle, le braccia, gli avambracci, le mani. Passate ai pettorali, l'addome, il basso ventre e l'inguine, finché tutto il corpo sarà completamente rilassato.

Terza fase. Portate l'attenzione alla nuca e scendete dalla parte posteriore del corpo, lungo due linee simmetriche passando alle scapole, alla schiena, alle gambe, fino ai piedi. Quando avrete raggiunto una buona distensione muscolare esterna passate al:

Rilassamento interno. Questo esercizio inizia dalla sommità della testa, passa dalla testa all'estremità inferiore del tronco, prendendo in considerazione gli organi interni.

Pratica. Portate l'attenzione all'interno della sommità della testa, percependo le tensioni del cervello, i globi oculari e i muscoli che li circondano, e rilassateli. Passate al naso, alla mascella, alla bocca e a tutti i muscoli del viso che, dall'interno, si rilassano. Ora lasciatevi «cadere» dall'interno della testa, come se foste dentro un tubo, verso i polmoni, sentiteli e rilassateli. Incontrate gli organi interni e rilassateli, scendete nell'addome, nel basso ventre, sino all'estremità del tronco, rilassandovi completamente. Ripetete diverse volte quest'esercizio, verificando che tutte le tensioni interne siano sciolte.

Rilassamento cerebrale. Portate l'attenzione alla sommità del capo e sentite il cervello dall'interno, immaginando che si rilassi permettendovi di cadere all'interno di esso, provando la sensazione di sprofondare in una materia bianca e molle. Incanalate le tensioni che incontrate verso il basso, mentre la parte superiore del cervello diventa morbida, leggera e rilassata. Continuate a cadere verso il centro mentre tutto ciò che lasciate sopra di voi diventa soffice, tiepido, simile all'ovatta. Giunti al centro, incontrerete il cervelletto che cercherete di rilassare con dolcezza, rendendolo soffice come una nuvola. Annotate il senso di pace e rilassamento che pervade tutto il cervello e il corpo, calmando ogni emozione e ogni tensione.

Rilassamento dei chakra. Passiamo ora a rilassare le parti più sottili dell'essere, i centri di forza che sono all'interno del corpo e sono collegati al midollo; questo è come un tronco la cui radice sta alla base della colonna vertebrale e i cui rami terminano con dei fiori : i Centri. Per rilassarli dobbiamo prima visualizzarli nella loro totalità e con il loro campo d'azione e successivamente cercare di pulirli e rivitalizzarli riarmonizzandoli fra di loro.

La pratica. Mettetevi in una posizione comoda, calmi e rilassati, e chiudete gli occhi.

a) Portate l'attenzione alla radice del naso e inspirate cercando di assorbire energia dall'esterno immettendola nel corpo.

b) Portate l'attenzione lungo la colonna vertebrale e scendete, attraverso essa, sino al coccige, fermandovi e cercando di percepire chakra dopo chakra, dal basso verso l'alto.

c) **Centro dell'energia vitale** - È alla base della colonna vertebrale, a forma di cono e con un nucleo di colore celeste pallido. Il colore del suo campo d'influenza è rosso. Visualizzatelo e sentitene l'energia.

d) **Centro epatico** - È ubicato nel fegato e nella bile. Il colore del suo campo d'influenza è rosso con il nucleo arancione ed è in relazione con la volontà e l'azione. Visualizzatelo e sentitene l'energia.

e) **Centro del plesso solare** - È ubicato nell'ombelico ed è un ripetitore dell'energia vitale. Il colore del suo campo d'influenza è verde e il nucleo è verde giallastro. Visualizzatelo e sentitene l'energia.

f) **Centro cardiaco** - È ubicato nel cuore; il colore di tutta l'area è azzurro. Visualizzatelo e sentitene l'energia.

g) **Centro laringeo** - È ubicato alla base del collo. Il colore del suo campo d'azione è simile all'acqua, trasparente e cristallino. Visualizzatelo e sentitene l'energia.

h) **Il terzo occhio** - È situato in mezzo alla fronte. Il suo campo energetico ha fondo giallastro con il nucleo lilla. Visualizzatelo e sentitene l'energia.

i) **Centro coronarico** - È alla sommità del capo. Il suo campo energetico ha fondo giallo e il nucleo è argenteo. Visualizzatelo e sentitene l'energia.

Riarmonizzazione. I chakra ricevono energia ruotando in senso orario. Per imprimere loro maggior velocità, si può intervenire sia con la mente che con un'azione materiale di avvio, utilizzando la punta delle dita di una mano (la destra per gli uomini e la sinistra per le donne). Iniziando dal chakra basale, portate le dita su ogni centro ruotandole in senso orario e concentrandovi sull'energia che da esso si diffonde.

Esperienza di pace

Se sino a ora abbiamo lavorato con i muscoli e le sensazioni interne, ora impareremo a guidare e dirigere le immagini mentali allo scopo di creare distensione. Tramite la visualizzazione, indurremo nel nostro essere un'esperienza di pace e d'armonia.

Pratica. Sedetevi in una posizione comoda, chiudete gli occhi e rilassatevi. Immaginate una sfera trasparente che, scendendo dall'alto, entri nel chakra coronarico sino a fermarsi nel centro del petto, all'altezza del cuore; espandete la sfera che irradia luce e calore, che danno luogo a una luminosità interna. Quando questa luce giunge ai limiti del corpo, la distensione è completa. Immaginate che questa luce attragga dall'esterno emozioni, pensieri e sensazioni positive, accrescendo il senso di benessere e di armonia. La pace che sorgerà dal vostro essere e che, per empatia, verrà captata dall'universo circostante, vi irradierà sia all'interno che all'esterno. Rimanete alcuni minuti in questo stato, annullandovi in questo stato e nella luce, e quindi fatela riassorbire nel petto. Lentamente fate risalire la sfera sino alla testa, facendola svanire nell'universo.

Un bagno di luce

a) Sedetevi in una posizione comoda e rilassatevi.
b) Visualizzate un punto luminoso sopra la vostra testa che si espande fino a diventare un anello che, dalla sommità della testa, irradia il vostro essere.
c) Fate discendere l'anello di luce lungo il corpo, sino a fermarsi sotto i piedi; guardatelo rimpicciolire e ridiventare un punto di luce.

d) Rimanete in questa posizione per alcuni minuti respirando e quindi espandete questo puntino sino a che diventi nuovamente un cerchio di luce; fatelo galleggiare sopra i piedi, riempiendoli di luce.
e) Fatelo salire lungo le gambe e fermatelo alla vita, irradiando tutta questa parte, e quindi continuate lentamente la salita, durante la quale percepirete la luce e la vedrete riempire tutte le parti del corpo.
f) Fermate l'anello di luce sopra la testa e vedetelo rimpicciolirsi sino a diventare un punto luminoso; mantenete questa visualizzazione respirando regolarmente.
g) Unite i due punti luminosi, quello sotto i piedi e quello sopra la testa, con un filo di luce, formando un bozzolo protettivo, così da essere avvolti da un involucro che si estende sopra e sotto il corpo.
h) Rimanete in questo stato sino a che vi sentirete armonizzati e protetti da ogni avversità e, quando riterrete l'esercizio finito, prendete contatto con il corpo e aprite gli occhi.

Pulirsi dalle negatività

Questo esercizio allontana e cancella dalla mente tutte le negatività, sostituendole con serenità e armonia.

a) Sedetevi in una posizione comoda, rilassati, respirate con calma e chiudete gli occhi.
b) Concentratevi sulla vostra mente e visualizzatela come un fiume tortuoso.
c) Entrate nel fiume e portate la vostra attenzione sull'acqua e sui detriti, percependone la natura e la consistenza.
d) Cercate ora di modificare questa immagine intervenendo sul corso del fiume, togliendo i detriti dall'acqua e purificandola.
e) Ora portatevi su di un ponte e osservate l'acqua che

scorre limpida e cristallina sotto di voi, consapevoli di quanto questa immagine calmi i vostri pensieri e la vostra mente.

f) Rimanete in questo stato sino a che vi sentirete calmi, rilassati e senza pensieri, e quindi riprendete contatto con il corpo e aprite gli occhi.

Distruggere il muro

Fate affiorare alla memoria una situazione spiacevole che è rimasta irrisolta, lasciando emergere tutte le sensazioni e la paura a essa collegate. Visualizzate la paura come un muro, tendete la mano per toccarlo, sentendone il sapore, l'odore e la consistenza, diventando infine il muro stesso: dovete assaporarlo e viverlo, perché è un'entità fuori da voi che vi appartiene e vi blocca. Siete all'interno di questo muro, perché immaginate che all'esterno vi sia qualcosa che possa invadervi, allagarvi, travolgere o distruggere. Una forza vuole scagliarsi contro di voi e temete di non poterla controbattere. Il muro è come un ponte fra ciò che dite e il vostro Io interiore. In una fase successiva, mettetevi di fronte a una sedia vuota su cui porrete il vostro «doppio» per dialogare con esso: quando avrete instaurato questo dialogo, avrete creato la possibilità di distruggere il muro e uscire allo scoperto. Nel fisico il muro è un blocco energetico, penetrando il quale si ottiene armonia, energia e luce.

Pratica. Visualizzate una diga con all'interno molta acqua. Vedetela nella sua immensità e potenza, mentre protegge tutta la valle sottostante. Immaginate che la diga lentamente si sgretoli e che l'acqua inizi a scendere senza causare danni, incanalandosi nel letto del fiume sottostante: l'acqua scende irrigando i campi e portando vita ed energia alla valle sottostante. Gli alberi, gli animali e la natura si rallegrano di questa improvvisa energia che viene dall'acqua e ne sono felici. Anche voi siete felice di questa rottura perché vi porta serenità e allegria. Rimanete in questo stato sino a che avrete preso coscienza della nuova forza che è nata in voi e non permettete a nessuno di ricreare questa diga fra voi e gli altri.

La caverna

Questo esercizio è stato ricavato dalla lettura della *Repubblica* di Platone.

a) Sedetevi in una posizione comoda, calmi e rilassati.
b) Visualizzatevi, prigioniero in una caverna, incatenato alle gambe e al collo, guardando la roccia e voltando le spalle all'uscita. Potete solo guardare avanti, poiché le catene vi impediscono di girarvi.
c) Dietro di voi vi è un fuoco: prendetene coscienza dalla luce, dal calore e dalla vostra ombra che si proietta sulla roccia.
d) Fra voi e il fuoco passano uomini che portano degli oggetti. Voi non vedete né gli uomini né gli oggetti, ma solo le loro ombre che il fuoco proietta sullo schermo di fronte a voi.
e) Immaginate di liberarvi dalle catene, alzarvi e girarvi a guardare il fuoco. Scorgerete dietro voi un tunnel che collega la caverna a un mondo di luce.
f) Proverete un senso di dolore e di angoscia nel vedere le fiamme e la luce. Siete costretto a percorrere il tunnel, protestando a ogni passo, perché la luce proveniente dall'entrata vi disturba gli occhi e v'impedisce di vedere.
g) Alla fine sarete fuori dalla caverna, dove il sole batterà in pieno su di voi e irradierà il vostro essere.
h) Quando i vostri occhi si saranno abituati alla luce, li solleverete al cielo per guardare le stelle e la luna. Dopo un po' riuscirete a vedere il mondo alla luce del sole e a guardare le nuvole inondate di luce.

i) Sedetevi fuori dalla caverna e fatevi irradiare dalla luce, che pulisce tutto il vostro essere e lo rigenera. Rimanete in questa posizione quanto volete, sino a che riprenderete contatto con il vostro corpo, vi distenderete e aprirete gli occhi.

La caverna rappresenta il mondo che noi chiamiamo realtà, la luce del fuoco è il sole, visibile nel mondo reale. L'ascesa alla bocca della caverna rappresenta il viaggio dello spirito nel regno dell'intelletto. In questo stadio, il bene viene raggiunto solo con grande sforzo e riconosciuto come la sorgente della luce nel mondo visibile e la fonte della ragione e della verità in quello intellettuale.

LA SECONDA CHIAVE: I CENTRI DI FORZA

Come pulirli. Abbiamo già descritto i centri energetici o chakra presenti nel corpo: ora cercheremo di riarmonizzarli e rivitalizzarli. A questi centri sono stati associati i colori dell'arcobaleno che hanno la funzione di rivitalizzare sia il livello fisico che quello psico-spirituale.

a) Sedetevi in una posizione comoda, con la schiena diritta e gli occhi chiusi.

b) Portate la vostra attenzione nel coccige, sul chakra basale. Concentratevi sul colore rosso e portatelo in questo centro pulendolo e rivitalizzandolo, sino a che risulterà di un bel rosso vivo.

c) Procedendo come al punto *b*) passate al chakra epatico, inviando il colore arancione.

d) Passate quindi al plesso solare, portando poi il colore giallo;

e) al chakra cardiaco con il verde;

f) poi al chakra faringeo con l'azzurro;

g) quindi al terzo occhio con l'indaco ed infine alla sommità del capo con il violetto.

h) Ora visualizzate tutti i chakra immersi nel loro colore e rivitalizzati, sentendovi forti e vigorosi.

i) Prendete contatto con il corpo e con il respiro e aprite gli occhi.

Come allinearli

a) Sedetevi in una posizione comoda, con la spina dorsale diritta e gli occhi chiusi.

b) Inspirate ed espirate diverse volte e quindi, entrando in voi, visualizzate i sette centri di forza.

c) Ruotate il tronco da destra a sinistra, mantenendo fermo il coccige e centrando il movimento sul chakra basale.

d) Ruotate il busto da sinistra a destra, mantenendo la respirazione calma e regolare.

e) Continuate con questo movimento sino a che vi sentirete rinvigoriti e, visualizzando i chakra, li troverete allineati fra loro.

f) Prendete contatto con il vostro corpo e il vostro respiro e aprite gli occhi.

Come armonizzarli. Seduti o sdraiati, respirate normalmente entrando in uno stato di calma e rilassamento e chiudete gli occhi.

Centro del sesso

a) Portate l'attenzione sul chakra basale, nel coccige, e visualizzatelo come una medusa che, immersa nell'acqua, pulsi al ritmo della vostra respirazione, notando le sue impurità e incrostazioni.

b) A ogni inspirazione la medusa aspira l'acqua nel suo interno e a ogni espirazione la espelle all'esterno. Concentratevi sull'acqua che entra ed esce dalla medusa, pulendola e portando all'esterno le sue impurità.

c) Ora intervenite con gli strumenti appropriati (quelli che vi sembrano più consoni allo scopo), sulla medusa, pulendola, lucidandola e togliendole ogni incrostazione.
d) Concentratevi sul fluire dell'acqua nella medusa e come tutto risulti limpido e pulito. Notate come il suo ritmo sia più calmo e rilassato e tutto sia armonico.

Plesso solare

a) Portate la vostra attenzione al chakra del plesso solare, ubicato sopra l'ombelico, e visualizzatelo come una grande antenna parabolica, con al centro una palla bianca.
b) Con gli strumenti appropriati (che sceglierete intuitivamente) pulitela e lucidatela da tutte le scorie.
c) Portatevi al centro ed entrate nella palla bianca: vi troverete di fronte un grande quadro di comando, che vi permetterà di orientare e sintonizzare l'antenna con l'universo.
d) Memorizzate la sintonizzazione di modo che, in futuro, basti visualizzare i numeri per attuarla.
e) Uscite e sedetevi nel centro dell'antenna, captando tutte le energie e vibrazioni che vi sono convogliate.

Centro cardiaco

a) Portate l'attenzione al chakra cardiaco, situato al centro del petto, e visualizzatelo come una grande palla di fuoco o di luce, che illumina tutta la zona circostante.
b) Pulitela all'esterno, poi entrate e pulitela con i mezzi appropriati anche all'interno. Constatate come a mano a mano che intervenite la luce diventa più forte e luminosa.
c) Sedetevi al centro della palla e lasciatevi irradiare e coinvolgere da tutta la luce che emette.

d) Dal centro, espandete la luce davanti e dietro di voi, di modo che le persone e l'ambiente circostante vengano illuminate e irradiate da essa. Con la luce irradiate un pensiero d'amore e d'armonia che si espande a tutto l'universo.
e) Ritornate lentamente dalla luce alla palla di luce e riportatela nel mezzo del petto, immettendovi l'armonia che avete captato dall'universo.

Centro faringeo

a) Portate l'attenzione al chakra della gola e visualizzatelo come un cratere da cui escono fuoco, fumo, soffioni e detriti, mentre tutt'intorno vi è il deserto.
b) Eliminate dal deserto i detriti e poi, entrando nel cratere, pulitelo fino a renderlo cristallino.
c) Procedendo nella pulizia, noterete che l'attività vulcanica sarà meno caotica e il fumo diventerà sempre più chiaro. Il deserto circostante prenderà colore e spunteranno le prime vegetazioni.
d) Dal vulcano uscirà acqua, dapprima scura e poi sempre più chiara, che formerà un torrente, e quindi un fiume che scorrerà nel deserto.

Il terzo occhio

a) Portate l'attenzione nel terzo occhio, al centro della fronte, visualizzando come un grande occhio.
b) Entrate nell'occhio e dall'interno guardate quante impurità si sono accumulate all'esterno.
c) Pulite accuratamente prima l'esterno e poi l'interno. Noterete come vedrete meglio e come la luce entri nella mente attraverso questo chakra.
d) Concentrandovi su questo centro dall'interno, vi accorgerete di poter vedere o percepire l'esterno. Assaporate ed esperimentate questa sensazione.

Centro coronarico

a) Portate l'attenzione al chakra coronarico, o chakra dai mille petali, alla sommità della testa.

b) Visualizzate che da questo centro zampilli un'energia, una fontana che, innalzandosi dal centro della testa, ricada su tutto il corpo, formando un uovo protettivo di luce che lo avvolge.

Passate quindi in successione rapida tutti i centri, visualizzandoli: la medusa, l'antenna, la palla di luce, il vulcano, il terzo occhio e la fontana. Continuate questa successione sempre più rapidamente, sino a quando la mente la percorrerà in modo automatico. Con il cambio dei chakra, cambiate anche il loro ritmo di oscillazione e quindi immettete nel fisico e nell'aura più energia.

LA TERZA CHIAVE: LA COSCIENZA

Distruggere il corpo. Questo esercizio è praticato dai monaci tibetani per staccarsi da tutti i legami terreni e vincere la paura di vivere e di morire: inoltre esso aiuta a divenire consapevoli che il nostro essere non è limitato al corpo fisico, ma è costituito da altre dimensioni immateriali.

a) Sdraiatevi, chiudete gli occhi e respirate con un ritmo calmo e regolare.

b) Visualizzatevi seduti nel deserto in meditazione e con pochi vestiti addosso.

c) Una serpe, dal deserto vi assale e vi morde, provocando la morte.

d) Arrivano gli sciacalli e mangiano la vostra pelle, la carne e i muscoli, lasciando le vostre ossa scarne al sole, quindi sopraggiunge un gorilla con una grossa clava e, vedendo il vostro scheletro, lo frantuma polverizzandolo completamente.

e) Ora voi siete solamente polvere. Dal deserto si alza un forte vento che disperde la polvere delle vostre ossa e di voi non rimane più nulla: e voi non siete più né carne né ossa pur continuando a esistere. Ripetete: « Io non sono il mio corpo ».

f) In questa nuova dimensione incontrate il mondo, recatevi a casa vostra, al lavoro e svolgete una vita normale. Considerate le vostre emozioni e i vostri pensieri, che avete anche senza corpo. Allontanateli, bruciandoli o distruggendoli, e ripetete mentalmente: « Io non sono i miei pensieri e le mie emozioni ».
g) Avete distrutto tutto ciò che pensavate essere: ma continuate a esistere. Considerate questo nuovo stato come una dimensione indistruttibile e ripetete: « Io sono parte della mente divina che è indistruttibile ». Annullatevi in questa affermazione e cercate di captare la grande armonia che da essa deriva.
h) Riprendete ora tutto ciò che avete lasciato: i pensieri, le emozioni e il corpo, cercando di considerarlo una macchina, uno strumento per svolgere la vostra esperienza.
i) Quando vi sentirete pronti, riprendete contatto con l'ambiente, aprite gli occhi e respirate con calma.

La strada di luce

Per gli occidentali, Sushumna si identifica con il midollo spinale, fonte di energia e di collegamento dei chakra. L'energia sessuale o Kundalini, che si trova assopita nel chakra del sesso, quando è risvegliata sale lungo questa strada per unirsi all'energia divina, che porta all'uomo l'illuminazione. Rappresenta una strada di luce indispensabile per entrare in altre dimensioni.

a) Sedetevi in una posizione comoda, chiudete gli occhi e rilassatevi.
b) Portate la vostra attenzione al chakra del sesso, vedendolo pulito e armonico: sedetevi nel centro di questo chakra e captate tutte le sue energie e vibrazioni.

c) Ora immaginate che da questo chakra parta una strada bianca di luce che, procedendo verso l'alto, giunga alla cima della testa. La strada è libera da ogni ostacolo e illuminata.

d) Portate l'attenzione alla strada e cominciate a salire lentamente. Durante il percorso, incontrerete degli svincoli che rappresentano le connessioni con i chakra. Noterete come tutto sia luminoso, silenzioso e pulito e come si possa procedere velocemente.

e) Arrivati al chakra alla sommità della testa, sedetevi in esso e guardate sotto di voi la strada. Con una inspirazione che partendo dal basso arrivi sino alla sommità della testa, immettete in questa strada il prana. Durante l'espirazione visualizzate come la strada sia pulita e luminosa.

f) Prendete contatto con questa realtà sentitela viva e reale dentro voi. Restando seduti al centro della testa, considerate come percorrere Sushumna in coscienza. Riconoscete che questa strada, che rappresenta la via dell'illuminazione, è l'unica percorribile ed è dentro di voi.

g) Infine riprendete coscienza del vostro corpo e del respiro e aprite gli occhi.

Volare con l'anima

Eccoci arrivati all'esercizio che vi permetterà di provare questa grande e indimenticabile esperienza di volare con l'anima. Si inizia con un rilassamento, per poi proseguire con il trasferimento di coscienza: infine si potrà volare per andare dove si desidera.

Prima fase. Sdraiatevi in una posizione comoda, chiudete gli occhi e rilassatevi, respirando con un ritmo calmo, profondo e regolare. Visualizzate un punto di luce alla sommità della testa, che lentamente si allarga sino a diventare un cerchio che scende fino ai piedi. Quindi fatelo risalire dai piedi alla testa, facendolo riassorbire dal punto di luce. Ripetete questo esercizio diverse volte, sino a che non vedrete il vostro corpo immerso in un'aura di luce protettiva.

Visualizzate i chakra pieni di luce, d'energia e in armonia fra loro. Passateli in rassegna velocemente diverse volte: la medusa, l'antenna, la palla di luce, il vulcano, il terzo occhio e la fontana. Visualizzate poi Sushumna forte e splendente e inviategli armonia, comunicandogli che lo percorrete con amore.

Ora concentrate l'attenzione sul cuore: immaginate che da esso partano dei tubi o canali che giungono a tutti gli altri chakra e a Sushumna. Inspirate ed espirate. Immaginate di immettere e spingere attraverso i tubi, per arrivare sino ai chakra e poi all'esterno, un'energia che a contatto con l'aria prenda consistenza e colore.

Seconda fase. Noterete che uscendo dai chakra, questa energia diventa bianca, come fumo o nuvole, e si stabilizza a 20-30 cm. sopra il vostro corpo. Lentamente vedrete plasmare sopra di voi, questa energia che si modella con una forma simile al vostro corpo. Alla fine di questo processo, avrete un altro io, che chiameremo doppio, sdraiato a 30 cm. dal vostro corpo.

Continuate con un respiro calmo e regolare immettendo nel doppio, tramite la respirazione, energia pranica che lo ravvivi e lo rinforzi. Alla fine di questo processo, dai chakra uscirà un'energia di colore diverso, in armonia con la vostra evoluzione, che si fisserà nel vostro doppio animandolo. È il soffio di vita o energia divina che è in voi e che non muore mai. Vedrete il doppio muoversi, alzarsi e camminare, mentre voi siete sempre distesi, calmi e rilassati.

Dopo lo spirito, trasferite nel doppio la coscienza. Entrate in esso, muovetelo, giratelo e sentitelo vivo e reale rispondere ai comandi. È ora la volta dei pensieri, dei desideri e delle emozioni: trasmettete al doppio il desiderio di dove volete andare, di chi volete incontrare e che cosa volete dire. Tutto ciò gli procurerà una grande emozione e una grande spinta a muoversi e volare.

Terza fase. Ora dategli il comando di alzarsi e portarsi in mezzo alla stanza. A questo punto può insorgere un senso di paura, che dovete cancellare e armonizzare.

Arrivati al centro della stanza comincerete ad alzarvi lentamente, raggiungerete il soffitto, arriverete al tetto: avrete la sensazione di essere senza peso, iniziando a volare nello spazio.

Dovrete riuscire a distaccarvi totalmente da ogni emozione, vivendo questa esperienza liberi da ogni timore o paura. Ben presto raggiungerete la destinazione prefissata e vi troverete di fronte a chi desideravate. Osservate bene il luogo, le persone e tutti i particolari, perché in seguito vi serviranno per verificare l'esperienza. Noterete che potete muovervi alla velocità del pensiero: ogni limitazione terrena viene eliminata. Potete fermarvi in questo luogo e in questo stato quanto volete, con una sola precauzione e cioè che, siccome state consumando energia psichico-spirituale, al rientro dovrete rigenerarvi prima di poter riprendere la vostra vita normale.

Quando infine deciderete di rientrare, dovete fare una serie di operazioni mentali:

1. Alzatevi dal luogo dove vi trovate in verticale.
2. Tornate nella città e poi nella casa dove si trova il vostro corpo.
3. Entrate dal soffitto, sdraiatevi col doppio sopra il vostro corpo e riassorbite l'energia dal doppio al corpo.
4. Visualizzate i chakra e Sushumna, rivitalizzandoli.
5. Continuate a respirare regolarmente e prendete possesso del vostro corpo.
6. Mantenetevi sdraiati alcuni minuti e infine alzatevi e riprendete la vostra vita.

Alcuni consigli. Con la lettura di questo libro, avete appreso molte nozioni che, d'ora in poi, vi permetteranno di creare i vostri esercizi futuri. Tra l'altro l'attivazione delle capacità extrasensoriali aiuta ad accrescere la fantasia e la creatività. Con questa tecnica potrete anche andare in altre dimensioni e incontrare entità trapassate, una esperienza che spiegherò nel prossimo libro. Durante le prime esperienze è più consigliabile muoversi nella dimensione materiale, sulla terra, e poi in astrale. L'unica raccomandazione, che mi sento di darvi, è di non perdere mai la fede e di pregare e meditare sempre e con metodo.

Alcune considerazioni. Avete dunque provato a volare con l'anima o a trasferire la coscienza, un'esperienza meravigliosa che, come ho già detto, tutti provano durante il sogno, anche se non lo ricordano allo stato di veglia. Al contrario, al risveglio da questa esperienza avrete moltissimi ricordi e vissuti, che potrete verificare: anzi, annotate repentinamente le esperienze, per avere l'opportunità di verificarle e stabilire a quale livello si sono estrinsecate. Questo viaggio lascerà un segno nella vostra evoluzione, perché vi permetterà di vivere in prima persona una situazione che finora poteva sembrarvi immaginaria. L'unico pericolo di questa esperienza è la paura, che può bloccare tutto il processo; poi l'ansia e lo stress che possono bloccare il rientro. Un altro blocco può essere creato da un primo fallimento o dal vivere l'esperienza come anormale, creando tensioni o lasciandosi condizionare dalle emozioni che provoca.

Tutti questi pericoli si superano mantenendo un ritmo respiratorio calmo e regolare, e tenendo sempre la situazione sotto controllo, con la seguente affermazione: «Nulla succede che non sia nella mia mente o causato dalla mia volontà».

CONCLUSIONE

Ed eccoci alla conclusione del nostro viaggio, in cui dobbiamo tirare le somme e vedere se abbiamo ottenuto dei risultati soddisfacenti. Ho iniziato a scrivere questo libro circa due anni fa e subito mi sono accorto che senza un'esperienza diretta, sulla mia pelle, non era possibile insegnare ad altri a volare. Quindi mi sono chiesto: è possibile insegnare a volare con l'anima, senza essere ritenuto un visionario o peggio un pazzo? Ho smesso di raccogliere materiale e di scrivere e ho iniziato, coadiuvato da Manuela Pompas, conferenze, *stages* e corsi in Italia, cercando di incontrare gente, partecipare a dibattiti e conferenze per divulgare con ogni mezzo questa esperienza. Questi incontri mi hanno convinto a proseguire il mio lavoro e a scrivere questo libro. Mentre lo stavo impostando è sopravvenuta improvvisa e inaspettata la morte di mia madre, alla quale ero e sono molto legato, che mi ha sconvolto, costringendomi a interromperne la stesura. Ho cercato invano di mettermi in contatto con lei, di andarla a cercare nell'universo, ma la grande emozione e il grande amore che ci lega, sino a ora non ci ha permesso di incontrarci e di stare insieme come sulla terra. Dopo quasi tre mesi dalla sua morte, avvenuta il 15 agosto '89 alle 6.30 del mattino, ho ripreso faticosamente il lavoro rivedendo tutto ciò che ritenevo inadatto e correggendo ciò che avevo già scritto. Ho proceduto a fasi alterne, con momenti di grande creatività e altri di apatia completa, e ora che l'opera è terminata (alla fine del '90), vorrei ancora rivederla per potervi trasmettere le mie esperienze di questo periodo. Non avevo mai provato, ad esempio, a essere bloccato in questa esperienza di uscita dal corpo per andare nell'universo e volare con l'anima. La grande emozione del distacco fisico da mia madre mi ha condizionato e mi condiziona. Ho comunque portato a termine questa terza opera con grande fatica, dolore e sofferenza, anche perché non avrei mai pensato che, mentre procedevo alla sua stesura, avrei perso colei che mi ha insegnato tutte queste cose, seguendomi e spronandomi nei momenti di sconforto. Sì, questo «volare con l'anima» mi è costato molto: il distacco fisico da un'anima che sulla terra fu mia madre e che mi insegnò che al di là di tutto c'è il Maestro, colui che mi segue e mi guida. Chi l'ha conosciuta sa cosa voglio dire e quanto mi manchi questo stimolo. Sì, mia madre, Laura, è ed era una roccia, una luce che ha spronato e seguito tutti coloro che glielo chiedevano. Chi l'ha conosciuta dice che era una grande madre che sapeva ascoltare, seguire e guidare, che comunque ti aspetta ed è sempre con te. Finendo questo libro quindi è giusto che il pensiero si rivolga a lei che, in qualche modo ne è l'ispiratrice e che ora certamente sta volando con l'anima e con tutto il suo essere in qualche parte dell'universo o forse è in mezzo a noi. La mia fede, malgrado le scosse ricevute, non si è modificata, non ha vacillato un attimo. La certezza che c'è vita dopo la morte è sempre rimasta con me, come quella che con Laura ci incontreremo, perché il nostro cammino insieme non è finito. Bisogna anche in questo caso attuare il distacco, saper attendere il tempo per rinascere e tutto avverrà. Nessuno sa quando riusciremo a vincere l'emozione e a incontrarci realmente, ma ciò avverrà: il Maestro e tutte le entità che mi seguono stanno lavorando per questo. Può un eremita fermarsi sulla strada? È possibile fermare il proprio karma per aspettare l'incontro? La risposta a queste domande ce la porta il

Saggio che dice: «Figliolo, sappi essere come la roccia che gioisce per tutto ciò che ti accade. Quando è spezzata, significa che deve fare un viaggio, per incontrare un'altra esperienza. Sappi essere la roccia sulla quale si possa costruire sia la tua casa che l'evoluzione». Circa vent'anni fa il Maestro mi disse: «Figliolo, ricorda la tua strada è solo. Solo non vuole dire senza nessuno, ma solo e basta». Allora non capii cosa volesse dirmi, ma ora ho capito che solo riguarda l'essere interiore ed è la certezza che domani incontreremo la luce.

Ma torniamo al libro e agli ultimi consigli che posso darvi. Ho cercato di darvi una panoramica generale sul mio credo, anche se ciò non è supportato dalla scienza ufficiale, perché penso che questo possa aiutarvi ad accettare questa esperienza con più serenità. Vi ho dato, in ogni capitolo, degli esercizi, forse troppi, che vi serviranno per verificare ciò che è stato scritto. Ho parlato anche di argomenti che forse esulano dal contesto del libro, ma che servono per darvi una panoramica generale di come tutto l'essere sia coinvolto in questa esperienza. Infine vi ho fornito gli esercizi base, sperimentati nei corsi, per ottenere la bilocazione e quindi volare dove volete: dovete affrontarli con gioia e serenità, cercando di raggiungere il distacco dalle cose materiali. Se non riuscite al primo tentativo riprovate perché in essi vi è il seme per farvi vivere questa esperienza con amore. Non dimenticate che tutti volano con l'anima ogni sera e che è un'esperienza naturale. Che cosa dirvi ancora, forse che vi aspetto sia fisicamente che mentalmente, perché penso che vi sia una possibilità di viaggiare insieme. Forse mi vedrete o forse no, ma sono sicuro che questo libro segnerà una tappa importante nella vostra evoluzione. In esso vi è il segno del Maestro e questo segno porterà i risultati che dovete ottenere, sia in questa o in altre vite. Dice il Saggio: «Non importa dove o chi, ciò che importa è il quando». Se volete incontrarmi, ricordate che sono sempre a vostra disposizione per ogni cosa. Un saluto e una preghiera: sappiate essere e portare dentro voi la pace e la serenità che Cristo ci ha lasciato, esse vi faranno superare ogni ostacolo e vi faranno vivere una vita più serena. Se un giorno, sulla vostra strada incontrerete un gabbiano che vi segue, ricordate che dall'altra dimensione un'anima vi segue e vola con voi.

BIBLIOGRAFIA

Aeppli, E., *I sogni e la loro interpretazione*, Astrolabio, Roma 1963.
Annann, L. A., *Autoliberazione*, De Vecchi, Milano 1981.
Ashely, T., *Tantra*, Lyra libri, Como 1987.
Astolfi, G. T., *Lo yoga come terapia*, Ricerco, Roma 1972.
Astolfi, G., *Yoga la danza della vita*, Edizioni Mediterranee, Roma 1989.
Atkinson, W., *Reincarnation and the law karma*, Flower, 1970.
Atkinson, W., *I poteri della mente*, Napoleone, Roma 1972.
Atkinson, W., *L'educazione del pensiero*, Napoleone, Roma 1973.
Auriol, B., *Tutti i metodi di rilassamento*, Red Edizioni, Como 1984.
Aurobindo, SRI, *Guida allo yoga*, Edizioni Mediterranee, Roma 1975.
Bach, R., *Il gabbiano Jonathan Livingston*, Rizzoli BUR, Milano 1984.
Bach, R., *Nessun luogo è lontano*, Rizzoli BUR, Milano 1982.
Bach, R., *Illusioni*, Rizzoli BUR, Milano 1985.
Baker, D., *L'apertura del terzo occhio*, Armenia, Milano 1989.
Baldini, M., *Le parole del silenzio*, Edizioni Paoline, 1986.
Bender, H., *La realtà nascosta*, Edizioni Mediterranee, Roma 1990.
Bendit, J. L., *Autoconoscenza*, Astrolabio, Roma 1969.
Besant, A., *L'homme et son corps*, Adyar, 1970.
Birkenbihl, V. F., *Stress e felicità*, Franco Angeli, Milano 1987.
Bize, R. G., *L'equilibrio del corpo e della mente*, Sansoni, Firenze 1971.
Boeckel, J. F., *Tecniche di meditazione*, SIAD, Milano 1983.
Brennan, B. A., *Mani di luce*, Longanesi, Milano 1987.
Butler, W. E., *Come leggere l'Aura*, Hermes, Roma 1971.
Buzan, T., *Usiamo la testa*, Frassinelli, Milano 1986.
Canova, F., *Il controllo di sé*, Edizioni Paoline, 1983.
Capra, F., *Il tao della fisica*, Adelphi, Milano 1982.
Castaneda, C., *A scuola dallo stregone*, Astrolabio, Roma 1970.
Castaneda, C., *Viaggio a Ixtlan*, Astrolabio, Roma 1973.

Castaneda, C., *Il fuoco dal profondo*, Rizzoli BUR, Milano 1989.
Charon, J., *Lo spirito questo sconosciuto*, Armenia, Milano 1979.
Chauchard, P., *Il dominio di se stessi*, Edizioni Paoline, 1983.
Chiesa, F. T., *Le chiavi della salute*, Feltrinelli, Milano 1977.
Comroe, J. H., *Fisiologia della respirazione*, Il pensiero, 1967.
Darras, J. C., *Conoscere l'agopuntura*, I Garzanti-Vallardi, Milano 1978.
De Bono, E., *Il pensiero laterale*, Rizzoli BUR, Milano 1981.
De Meric, P., *Yoga per tutti*, Guide Vallardi, Milano 1987.
Dechanet, J. M., *Yoga Cristiano*, Elle-Di-Ci, Torino 1981.
Denis, L., *Dopo la morte*, Edizioni Mediterranee, Roma 1988.
Di Aichelburg, *L'uomo*, UTET, Torino 1970.
Di Loyola, I., *Esercizi spirituali*, UTET, Torino 1988.
Donald, K. Mc, *Come meditare*, Chiara Luce Edizioni, Torino 1986.
Donnini, D., *Capire lo yoga*, Hermes, Roma 1988.
Dunne, D., *Lo yoga in 12 lezioni*, De Vecchi, Milano 1971.
Elker, J., *Francesco, un Santo, un Sentiero, una Storia*, Bragadin Editore, Milano 1989.
Forte, A., *La legge del deserto*, Atanor, Roma 1978.
Gangi, G., *Il mondo astrale e i suoi abitanti*, Hermes, Roma 1980.
Gangi, G., *La potenza magnetica*, Hermes, Roma 1980.
Gardner, A., *Meditazione*, Astrolabio, Roma 1970.
Gawain, S., *Visualizzazione creativa*, Red Edizioni, Como 1988.
Godefrov, C., *La dynamique mentale*, R. Laffont, Paris 1976.
Goleman, D., *Esperienze orientali di meditazione*, Savelli, 1982.
Green, C., *Esperienze di bilocazione*, Edizioni Mediterranee, Roma 1985.
Green, C., *Il sogno lucido*, Astrolabio, Roma 1976.
Helker, J., *Progetto uomo*, Edizioni del Maestro, Milano 1988.
Hesse, H., *Siddharta*, Adelphi, Milano 1975.
Hoffman, B., *Manuale di training autogeno*, Astrolabio, Roma 1980.
Hope, M., *Protezione mentale*, Armenia, Milano 1986.
Irala, N., *Il controllo del cervello*, Edizioni Paoline, 1984.
Iyengar, B. K. S., *Teoria e pratica del Pranayama*, Edizioni Mediterranee, Roma 1981.
Jacobson, E., *Progressive relaxation*, Chicago University Press.
Judith, A., *Chakras*, Armenia, Milano 1989.
Kadowaki, J. K., *Lo zen e la Bibbia*, Edizioni Paoline, 1985.
Kautz, W. H., *Voci rivelate*, Armenia, Milano 1989.
Kerneiz, C., *Yoga per l'Occidente*, Edizioni Mediterranee, Roma 1977.
Kirsta, A., *Anti-Stress*, Lyra libri, Como 1987.
Krishnamurti, *La prima e l'ultima libertà*, Astrolabio, Roma, 1969.

Laurie e Tucker, *Guida al successo*, Edizioni Mediterranee, Roma 1989.
Lawson, M., *Come vincere ansia e stress*, Piemme, Casale Monferrato 1987.
Leadbeater, C. W., *Chakra*, Teosofica, 1976.
Lefebure, F., *Esperienze iniziatiche*, Edizioni Mediterranee, Roma 1988.
Lidell, L., *Tecniche del corpo*, Lyra libri, Como 1988.
Longridge, *Gli esercizi spirituali di S. Ignazio di Loyola*, Edizioni Paoline.
Magnano, S., Cavaglieri, R., *Come disintossicarsi*, MEB, Padova 1989.
Marillac, A., *Come rilassarsi?*, MEB, Padova 1984.
Martin, A., *Viaggio astrale*, Armenia, Milano 1983.
Martinelli, G., *Le prove dell'aldilà*, Rizzoli, Milano 1990.
Millard, J., *Edgar Cayce*, Astrolabio, Roma 1977.
Mishra, R., *Principi fondamentali di Yoga*, Cappelli, Bologna 1973.
Monroe, R. A., *I miei viaggi fuori dal corpo*, MEB, Padova 1987.
Mouni, S., *Esercizi di concentrazione*, Edizioni Mediterranee, Roma 1980.
Mukerji, S., *Teoria e pratica Yoga*, La Bussola, Roma 1976.
Mumford, J., *Yoga Psicosomatico*, Hermes, Roma 1974.
Ostrom, J., *L'aura umana*, Armenia, Milano 1988.
Parisotto, O., *Aeryoga*, Mursia, Milano 1984.
Peregregius, *Tattwa, chiaroveggenza, viaggi astrali*, 1978.
Platone, *La repubblica*, Sansoni, Firenze 1950.
Plez, U., *Il vero volto del Raja Yoga*, MEB, Padova 1984.
Pompas, M., *I poteri della mente*, Rizzoli, Milano 1984.
Pompas, M., *Reincarnazione*, Rizzoli, Milano 1987.
Pompas, M., *Vivere e poi?*, Rizzoli, Milano 1989.
Pompas, M., *Le dimensioni dell'impossibile*, Rizzoli, Milano 1981.
Powell, A. E., *Il corpo causale*, Alaya, 1952.
Powell, A. E., *Il sistema solare*, Alaya, 1986.
Powell, A. E., *Il doppio eterico*, Alaya, 1989.
Rajneesh, B. S., *La Bibbia di Rajneesh*, Bompiani, Milano 1988.
Rajneesh, B. S., *Il libro dei segreti*, Bompiani, Milano 1978.
Rajneesh, B. S., *La dottrina suprema*, Rizzoli BUR, Milano 1983.
Rajneesh, B. S., *Il libro arancione*, Edizioni Mediterranee, Roma 1983.
Rajneesh, O., *Meditazione la prima e l'ultima libertà,* Edizioni Mediterranee, Roma 1989.
Rajneesh, S., *TAO discorsi sul Tao-te-ching*, Edizioni Mediterranee, Roma 1989.
Ramacharaka, *Bhagavad Gita*, La Bussola, Roma 1976.

Rampa, T. L., *I segreti dell'aura*, Astrolabio, Roma 1975.
Rampa, T. L., *Il terzo occhio*, Mondadori, Milano 1978.
Rawson, P., *Tantra*, Red Edizioni, Como 1989.
Rizzi Silva, R., *La via dello yoga*, Edizioni Mediterranee, Roma 1986.
Sat, *Pranayama*, Arktos, Carmagnola 1981.
Satyananda, P., *I Chakra*, Satyananda Ashram Italia, 1987.
Shastri, H. P., *La Meditazione*, Promolibri, Milano 1984.
Shone, R., *Visualizzazione creativa*, Astrolabio, Roma 1984.
Sivananda, *Il libro dello yoga*, Lyra libri, Como 1986.
Smith, P., *Tecniche di respirazione*, SIAD, Milano 1982.
Van Lysebeth, A., *Pranayama*, Astrolabio, Roma 1973.
Viziale, E., *Tecniche di rilassamento*, SIAD, Milano 1985.
Watts, A. W., *La via dello zen*, Feltrinelli, Milano 1987.
Williams, G., *La vita dopo la morte*, MEB, Padova 1990.

INDICE

CAPITOLO II

LA NASCITA DELL'UOMO

CAPITOLO III

MODIFICARSI DENTRO

CAPITOLO IV

I CENTRI DI FORZA

CAPITOLO V

L'ARTE DI RESPIRARE

CAPITOLO VI

GLI STATI ALTERATI DI COSCIENZA

CAPITOLO VII

MENTE E MEDITAZIONE

CAPITOLO VIII

LA VISUALIZZAZIONE

CAPITOLO IX

VOLARE CON L'ANIMA

Collana «Orizzonti Paperback»

1. Charles Berlitz e William L. Moore, *Accadde a Roswell*
2. Joan Borysenko, *Guarire con la mente*
3. Deepak Chopra, *Benessere totale*
4. Carlo Biagi, *Voglia di volare*
5. Larry Dossey, *Alla ricerca dell'anima*
6. Deepak Chopra, *La vita senza condizioni*
7. Manuela Pompas e Carlo Biagi, *Aura, la luce dell'anima*
8. Carlo Patrian, *Ipnotismo, magnetismo e suggestione*
9. Carlo Biagi, *Le immagini dell'anima*
10. Peter Haining, *Antichi misteri*
11. Deepak Chopra, *Guarirsi da dentro*
12. Francesco Casaretti, *Taoismo: una via femminile alla conoscenza*
13. Gerald G. Jampolsky e Diane V. Cirincione, *Amare sapendo amare*
14. John Bradshaw, *Come ritrovarsi*
15. Charles Berlitz, *Il mistero dell'Atlantide*
16. Betty Shine, *La magia della mente*
18. Deepak Chopra, *Corpo senza età, mente senza tempo*
19. Melvin Morse e Paul Perry, *Più vicini alla luce*
20. Irene Bozzi e Barbara Carniti, *Vivo positivo*
21. Carlo Biagi, *Volare con l'anima*

Finito di stampare nell'ottobre 1998
dalla Tip.Le.Co. - Via S. Salotti, 37 - Piacenza
Printed in Italy